日本仏教に未来はあるか

平岡聡

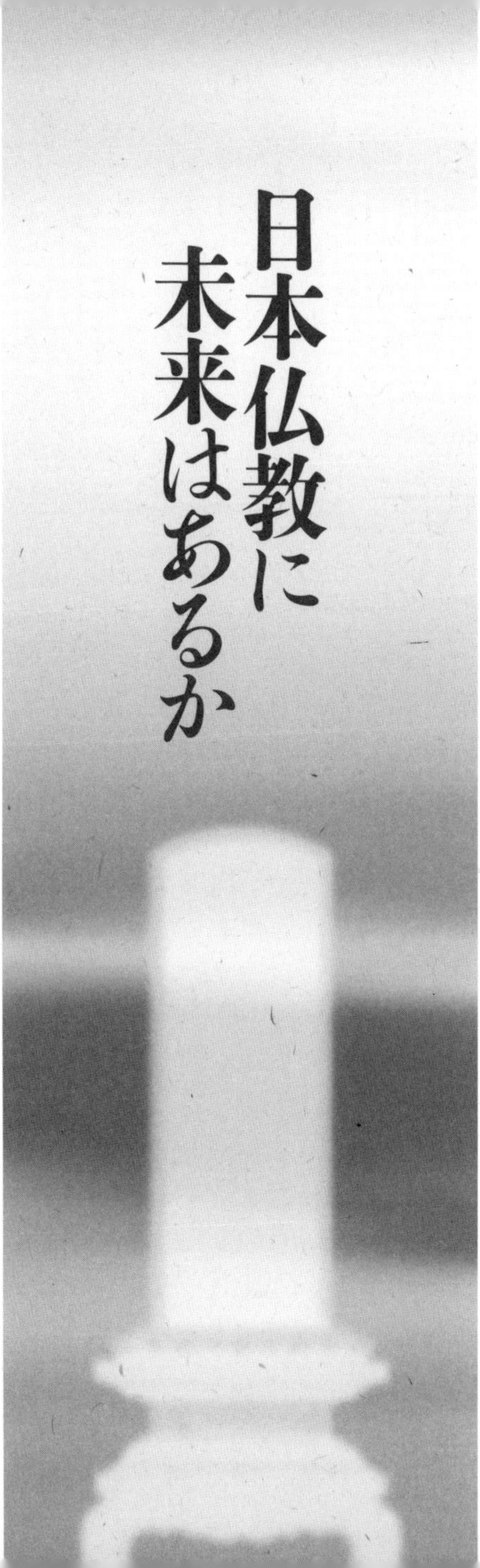

春秋社

はじめに

地球が誕生して四六億年、生命が誕生して三八億年と言われている。その生命は悠久の時間をかけて複雑かつ多様に進化し、ついに人間という不思議な生物を誕生させた。この生物はほかの生物と違って脳を過度に発達させ、ついに宗教という不可解なものを創造してしまった。また近世以降、人間はその宗教とは対極にある科学を発達させ、科学と宗教は絶妙のバランスを保ちながら今日に至る。

その不可解な宗教と、その対極にある科学とを誕生させた人間の社会は、今後どのような方向に進んでいくのか。これからの社会はＶＵＣＡの時代と言われる。これは、変動性（Volatility）、不確実性（Uncertainty）、複雑性（Complexity）、曖昧性（Ambiguity）の頭文字をとったもので、社会やビジネスで未来の予想が困難になっている状態を示す言葉だ。

宗教と科学の関係だけをとっても、その方向性は予想がつかない。両者は手に手を取って人間のウェルビーイングに貢献するのか、あるいは一方が他方を駆逐するのか、はたまた共倒れになるのか。宗教にまで話を広げると収拾がつかないので、ここではその一つである仏教に絞って考えてみよう。いや、それでも広すぎるので、日本の仏教にかぎることにした。それが本書の内容である。

もっと踏み込んで言えば、日本仏教は、これからの社会で生き残れるのか。それを問うのが本書だ。ずいぶん挑戦的なタイトルになったが、寺の長男として生まれ、僧籍を取得し、寺院の住職にはならなかったが、仏教を研究する道に入った私が常々意識してきた問題である。

大学に入って本格的に仏教を学ぶにつけ、日本仏教の特異性には驚かざるをえなかった。古代インドの仏教と比較した場合、日本仏教はあまりに独自の変容を遂げ、古代インドの仏教とは同一の宗教とは思えない。いや、古代インドの仏教と比較しなくても、現代の南方仏教と比較すれば、その差は歴然であろう。その最たるものが、僧侶の妻帯、およびそれにともなう世襲制だ。これほど堂々と出家者が妻帯し、またそれを一般人が奇異に感じないこと自体が、さらに奇異なことなのである。

私自身も祖父の時代から三代に亘り、血縁で相続された僧侶だが、家族も周囲もそれを不思議には感じていない。世襲制で仏教が正常に機能していれば問題ないが、昨今の仏教を取り巻く諸事情を見ていると、社会の目まぐるしい変化にともない、随所にほころびが露呈し、破綻に向かって突き進んでいるように感じる。その傾向はとくにコロナ禍で加速しているのではないか。

二一世紀に入って、文化人類学者の上田［2004］を皮切りに、臨済宗僧侶の高橋［2009］など、教団の内外を問わず、日本仏教の僧侶を問題視する書籍が現れ始めた。さらに日本の社会構造の変化を踏まえ、浄土宗僧侶の鵜飼［2015; 2016］は取材を通じて寺院そのものが存続できなくなるという危機感から現代社会に警鐘を鳴らし、さらに宗教学者の島田［2010; 2022］はもう完全に仏教（あるいは宗教）を見切った視点で、寺院や僧侶に頼らない葬式や戒名のあり方を提案している。

こうした書物が読まれている背景には、葬式の費用や戒名料などが高額であり、また戒名料の歴史的正統性が不透明なため、費用を負担する在家者からすれば、支出する費用と、それによって得られる対価が見合っていないという現状がある。つまり、在家者は〝納得〟していないのだ。世間はもう批判を超えて仏教に期待さえしていないという域に達したのではないか。気づいていないのは、残念ながら一部の（あるいは「大半の」と言うべきか）僧侶だけなのである。

お仏飯を頂いて育った私も僧侶（ただし「端くれ」）である以上、外野の高みに身を置いて現代の日本仏教を指弾するのではなく、その内部の一構成員という立場から、自律自戒の念を込めて本書をまとめた。これにより、少しでも仏恩に報いることができれば幸甚である。

日本仏教に未来はあるか　目次

日本仏教に未来はあるか

プロローグ

●本書の構成と内容：前半

日本仏教の未来を考えるに際し、まずは日本仏教の問題点を明らかにすることから始めよう。何事においても、問題を解決しようとする場合、その現状認識は欠かせない。しかしこれについては、多言を要しないであろう。私がここであらためて問題点を指摘するまでもなく、すでに「はじめに」で紹介した著書の中で詳細に論じられているし、また著書を読まずとも、日本の社会で普通に暮らしていれば、その問題点は自ずと目に飛び込んでくる。

そこで本書では、そのような問題を孕《はら》むに至った歴史を丹念に紐解くことから始めたい。

この世のすべては、必ず時間（歴史）と空間（地理）の制約の下に生じる。逆に言えば、時間と空間を無視しては何事も起こらないのである。日本仏教の諸問題も、時間と空間を無視し、降って湧いたわけではなく、日本固有の歴史と空間に条件づけられて生じている。だから批判をする前に、まずは日本という地理において展開した仏教の歴史と対峙してみよう。

まず第一章では、「政治と宗教」という観点から仏教の歴史を振り返ってみたい。本国インドと違い、日本にとって仏教は外来宗教であったから、その導入に当たっては政治判断が求められた。よって、導入の当初から日本の仏教は政治の傘下にあったのである（これについては中国仏教も同じ）。このような事情が仏教にどのような影響を与えたのかを整理する。

第二章では、第一章に関連し、戒律不在という日本独自の現象を考察する。鑑真《がんじん》による戒律の移植にもかかわらず、戒律は日本の土壌には根づかなかった。その理由の一つは、大乗戒を過度に重視したことであり、これにより伝統的な戒律が蔑ろにされ、その結果、出家者と在家者の境目は曖昧になってしまった。正式な出家者が存在しないということは、三宝《さんぼう》の一つである僧宝が存在しないことを意味するので、これは仏教という宗教の屋台骨を揺るがす重大な問題であるが、そのような認識および危機感は日本人にはない。そして、そのこと自体が問題なのである。

第三章では、これも日本仏教独自の問題である葬式仏教と、それに付随する戒名の問題を取り上げる。そもそも最初に日本の仏教が槍玉にあがったのは、葬式と戒名の問題であった。ほかの仏教国でも葬式を執行するのは僧侶であるが、ではなぜ日本の場合だけ、葬式と戒名は問題になるのか。日本の葬式仏教や戒名の何が問題なのかを本章で明らかにする。

以上、第一章から第三章までは日本仏教の問題点を明確にする作業であるが、第四章以降は、それを踏まえて、その問題点の解決に向け、具体的に何をどうするかについて私見を述べる。

●本書の構成と内容：後半

まず重要なのは、何をおいても僧団という組織の改革だ。第四章では、仏教という宗教の主体となる僧団がいかに改革されるべきかについて考察する。キーワードは「開く」である。従来の〝閉じた僧団〟が社会や他者に向けていかに〝開かれた僧団〟として生まれ変わるか、ここが問われることになる。特に日本の仏教は大乗仏教であるから、社会や他者に門戸を閉ざしていては、そもそも存在する意義はない。

つづく第五章では、第四章にも関連するが、戒律の復興について考える。すでに指摘したように、戒律を蔑《ないがし》ろにする日本仏教は三宝の中の僧宝を欠くという歪な状況を呈している。三宝帰依は在家信者になるにも出家者になるにも必要だが、二宝しかない日本では本当の意味で在家信者も出家者も輩出できないのである。寺請《てらうけ》制度と世襲制度で骨抜きにされた日本仏教で戒律を復興させることは容易ではないが、そうかといっていつまでも手をこまねいていることもできないだろう。

第六章では、仏教が社会の信頼を取り戻すために、仏教の教えをどう活かすかについて考えてみたい。仏教は長い歴史の中で培ってきた素晴らしい思想がある。まずは足下にある思想に注目し、その強みを再認識した後、これからの社会が進む方向性を見定め、大乗仏教の根本精神である利他を実践する可能性を考察する。仏教思想は今後の社会を考える上で思想の宝庫であるのに、それをうまく活用できないなら、宝の持ち腐れだ。まずは足下の思想の価値を再認識してみよう。

第七章では、日本仏教の中で最大の批判の対象である葬式仏教であるからこそ、それを改革すれば、社会の認識を大きく変えることができると主張したい。「葬式仏教は必要である」との認識に立ち、第三章で明らかになった問題点をどのように克服すれば、ピンチをチャンスに変えることができるのかについて私見を述べる。

そして最終章の第八章では、改革の担い手となる異端の出現について解説する。手本にするのは、鎌倉新仏教の祖師たちの態度だ。日本仏教のほとんどが鎌倉新仏教の祖師たちの宗派に淵源《えんげん》を持つなら、その宗祖のあり方には、日本仏教の未来を考える上で大きなヒントが隠れている可能性が大きい。よって、本章では鎌倉新仏教の祖師たちを異端の遁世《とんせい》僧《そう》と位置づけ、異端と正統の関係から日本仏教の未来を考える。

というわけで、本書は二部構成となる。つまり前半の第一章〜第三章は現状の認識とその背景（現在から過去、あるいは過去から現在）、そして後半の第四章〜第八章は、それを踏まえて、いかに問題を解決するかに焦点を当てている（現在から未来）。それを見取図にして、読み進めていただければ幸いである。

第一章　政治と宗教

宗教は本来、俗とは対極をなす聖の領域であり、政治は俗の代表格である。では政治と宗教はどう関わるべきものなのか。政治は社会を管理しようとするから、その社会の中に存在する宗教も管理の対象となる。しかし政治に管理されたり迎合したりすれば、宗教はその本質である聖性を喪失する。ここではインド・中国・日本における政治と宗教の問題を取り上げ、特にインド仏教との比較により、日本仏教の問題点を指摘する。

●インドにおける政治と宗教

日本仏教の特性の一つは、基本的に仏教が政治の支配下にあったことだ。この特徴をあぶり出すために、山崎［1994］の研究によりながら、まずは本国インドにおける政治と宗教の関係を概観してみよう。

山崎は古代インドにおける王権（政治）と宗教の関係を論じているが、その難しさは資料論にある。どの立場の資料かによって、両者の関係は微妙に異なるからだ。ここでは大きく分けて、バラモン（ヒンドゥー法典）、クシャトリア（『カウティルヤ実利論』）、そして仏教（仏典）の資料から、両者の関係を考察し、その共通点と相違点とを明確にする。

紀元前一三〇〇年頃、アーリア人がインドに侵入し、原住民を制圧して、バラモン教に基づく文化を構築していった。以来、バラモン教はインドの正統宗教となり、カースト制度がその社会の基盤となる。この制度は上からバラモン（司祭者・僧侶）・クシャトリア（王族・武士）・ヴァイシャ（平民）・シュードラ（奴隷）という四層構造からなるが、これを見れば明らかなように、クシャトリアの上にバラモンが位置づけられているので、政治と宗教の問題も自ずとその上下関係は推測されよう。

インドではカーストを超えて「ダルマ（法）」が最重視される。王権はダルマに従属しており、王はダルマの制定者ではなく、ダルマに準拠して政治を行う者である。一方、そのダルマを伝持《でんじ》するバラモンは、自分たちを王に勝る神性を有する者であると主張する。

たとえば、バラモンはダルマという木の「根」であり、クシャトリアはその木の「先端」と説かれていることからも、両者の上下関係は一目瞭然であろう。

また王はバラモンを保護しなければならないが、その理由は王国内に安住するバラモンによって日常的に積まれる宗教功徳の総体が王と王国に繁栄をもたらすと考えられていたからだ。このように、ヒンドゥー法典はバラモン至上主義の主張で貫かれている。

では、クシャトリアの立場から著された『カウティルヤ実利論《じつりろん》』はどうか。ここではバラモンの力を認めながらも、王は統治にあたり、彼らをいかに利用すべきかを考えており、王の命令をダルマよりも優先させる記述もある。とはいえ、バラモンは王国を災禍から救い、王の犯した罪を浄化するという呪術的力を持つと考えられていたので、社会秩序の維持者である彼らを無視することはできず、厚く保護したのであった。仏典も、仏教の開祖ブッダ自身がクシャトリア出身ということもあり、クシャトリアをバラモンの上位に位置づける。

このように各資料間で違いは見られるが、山崎はそれらを総括して次のように指摘する。カースト制度のもとでは、聖界の指導をバラモンが、俗界の統治をクシャトリアがそれぞれ担当している。両界には独自の領域も存在するが、重なる部分もかなりあり、バラモンは祭祀やダルマを通じて俗界に繁栄や秩序をもたらすという形で、俗界に深く関わった。一方のクシャトリアもバラモンの分担領域である聖界に干渉・介入した。

古代インドの王権論によると、王はダルマの制定者ではなく、ダルマに従って懲罰権を行使し、人民の生命・財産と社会秩序を守護する者であるが、王がこうした義務を遂行する上でバラモンが果たす役割は大きかった。すなわち、バラモンは王の宗教・学問の師であると同時に、ダルマの教示者であったので、その意味では両者は相互依存・相互補完の関係にあったと山崎は言う。

つまり、精神界・宗教界を分掌するバラモンと、物質界・俗界を分掌する王との分業体制であり、この関係を良好に維持することで、国家に繁栄がもたらされると考えられたのである。よって、古代インドの政治と宗教はほぼ対等の関係にあったと言えよう。

インドの政治と宗教を考える上で「ダルマ」の持つ意味は大きい。これについては、インド・中国・日本の政治と宗教の問題を概観した後に、再び取り上げることにする。

●中国における政治と宗教

ではつぎに、インドから仏教を輸入し、また日本仏教に大きな影響を与えた中国の政治と宗教（仏教）の関係について、横井［2010］を参考に紹介しよう。

中国は地理的に広大なため、地域（北と南）によってその状況は大きく異なり、また時代によっても時の権力者の仏教に対するスタンスによって、その関係は大きく異なる点を先ず前提として押さえておかなければならない。横井によれば、中国の古代社会において、神の祭祀と政治とは一体視され、両者の社会組織としての関係も未分化の状態にあったが、時代の経過とともに、王法（政治）と仏法（宗教）は拮抗状態を迎え、やがては国家の優位へと変化していったと全体像を提示する。

中国に仏教がもたらされたのは、紀元前後の後漢の時代であった。統治者階級にも仏教を信奉する者がでてきたことがきっかけで、仏教は中国に最初の根を下ろした。五胡十六国の時代、肥沃な南の大地と、乾燥して痩せた北の大地という風土の違いのなかで、とりわけ塞外《さいがい》民族と称される北方遊牧民族と漢民族との対立抗争の歴史は、中国仏教にとって大きな意味を持った。当初、中華意識の強い漢民族は夷狄《いてき》の教えである仏教を受け入れなかったが、塞外民族は自らの国家形成にあたり、その指導原理として仏教を積極的に受容し、やがてそれが漢民族の世界にも浸透していった。

亀茲（クッチャ）出身の僧・仏図澄《ぶっとちょう》は帝位に就いた後趙《こうちょう》（塞外民族国家の一つ）の石《せき》勒《ろく》や石虎《せきこ》を信服させ、朝政に参与した。こうした塞外民族の仏教受容のもとで、仏図澄は国家権力を利用して仏教の興隆に成功したが、それは本来の仏教が国家仏教へと変質することにもつながった。

東晋の時代を迎えると、帝室の仏教に対する保護は厚くなったが、その反面、仏教は呪術や祈祷が求められたため、教団は堕落することになる。なお、この時代で特記すべきは、僧の慧遠《えおん》が『沙門不敬王者論《しゃもんふけいおうじゃろん》』を著したことだ。時の権力者である桓玄《かんげん》は沙門（仏教の出家者）も王者に敬礼するように求めたが、廬山《ろざん》の慧遠は王者への敬礼は不用であることを論じたものである。ここに中国伝統の礼敬秩序と外来宗教である仏教との対立が見られる。慧遠は政治と宗教の関係を問題にし、仏教の優位を主張した。

南朝の時代、仏教に対する粛正・統制は行われたものの、宋から陳まで仏教は皇帝の信仰もあり、保護され優遇された。一方、北朝では国家の仏教に対する干渉は強く、王朝による弾圧はしばしば行われ、「三武一宗《さんぶいっそう》の法難」のうち、北魏太武帝《たいぶてい》の廃仏と北周武帝《ぶてい》の廃仏はこの時代の法難である。北朝において、仏教は統治者の支配原理として利用され、仏教は国家的色彩を強めていった。

では次に、統一王朝である隋と唐の状況を見ていこう。隋の初代皇帝である文帝《ぶんてい》、またその子の煬帝《ようだい》は仏教保護政策をとったが、皇帝からの全面保護を受ける反面、僧の俗世間からの独立性は失われ、権力者に迎合せざるを得ない状況に陥った。

唐代に仏教は全盛期を迎えるが、その反面、唐代の仏教は国家権力の元に統制されていた。特に則天武后《そくてんぶこう》は仏教を保護するとともに、自らが皇帝になるために仏教を政治利用したので、仏教各宗は武后の権勢を背景に発展した。中でも密教は現世利益を好む中国で、一大祈祷国家仏教に展開したのである。ここでは帝王権力の強大化と仏教勢力の伸張が表裏の関係をなし、国家と仏教の相互依存的な関係が認められる。そして宋・元・明と時代が下るにつれて、仏教は政治に隷属する度合いを強めていった。

●政治の傘下にあった日本仏教

六世紀になると、中国の仏教は朝鮮半島を経由して日本にもたらされた。その年代は五三八年説と五五二年説とがある。まだ決着を見ていないが、いずれにせよ、それは日本への仏教「公伝」と呼ばれるように、仏教の伝来は当初より政治的文脈の中で語られてきた。伝来の背景には蘇我氏と物部氏の崇仏廃仏論争があったが、崇仏派の蘇我馬子が勝利したことで、仏教は日本に根づくきっかけを得た。大化改新での蘇我氏の失脚後、即位した孝徳天皇や天智天皇は国立寺院を建立し、国家として仏教儀礼を挙行。持統天皇は、新たな政治制度を支える宗教として神祇祭祀と仏教を選択したため、国家と仏教の結びつきはますます強化された。こうして中国仏教同様、日本仏教も国家の管理の下に展開する。

奈良時代になると、国家は『僧尼令』によって僧尼を再生産する得度《とくど》と受戒の制度を整備し、中央に大寺、地方に国分寺という全国的寺院網も創設した。こうして、国家が仏教を管理・統括し、護国という国家目的に奉仕させる国家仏教体制が確立する。また当時の仏教の正統性を検証する教学を保全するため、国家主導で南都六宗が組織された。平安時代には、最澄と空海が勅許を得て天台宗と真言宗をあらたに開宗した。こうして南都六宗に天台宗と真言宗とを加えた八宗が体制側の仏教として確立され、鎮護国家の役割が仏教に期待された。

一方、古代の律令体制は一〇世紀頃には崩壊しており、緊縮財政のもと、国家は小さな国家となって、仏教を厳しく管理する政策から大幅な自由を与える政策に転換した。これにより、伝統仏教は自由とともに大きな責任をも抱え込み、財政的基盤も失ったことで、経済的に自立する必要があった。

このような状況下、伝統仏教が生き残りをかけてとった方策の一つが「王法仏法相依《おうほうぶっぽうそうえ》論《ろん》」だ。「王法（政治）と仏法（宗教）は車の両輪のごとく、相互に補完し合う関係にある」として国家にすり寄り、皇親や貴族の子弟を積極的に受け入れたのである。これにより、出世間であるはずの僧侶の世界は世間以上に俗世間となり、出世でも彼らが優遇されることになる（末木［2010］）。こうして、日本仏教が国家の思惑に常に支配されながら展開する土壌ができあがってしまった。

江戸時代になると、国家主導のもと、さらに寺請制度が今日の日本仏教の土台となる檀家制度を誕生させ、また明治時代には政府の太政官布告「自今僧侶肉食妻帯蓄髪等可為《いまよりそうりょにくじきさいたいちくはつとうかって》勝手事《たるべきこと》」により僧侶の妻帯が国家によって認められ、これまた日本仏教の病巣ともいえる世襲制度へと繋がっていく（後述）。

また明治政府は王政復古・祭政一致の国づくりを掲げ、従来の「国家仏教」を「国家神道」に転換すべく「神仏分離令」を出し、神と仏の区別を試みた。しかしこれは拡大解釈され、仏教は寺院・仏像・仏具・経典などが焼き捨てられるという廃仏毀釈《はいぶつきしゃく》の憂き目に遭うが、その要因の一つとして鵜飼［2018］は「僧侶の堕落」をあげている。

ともかく、こうして歴史を概観すると、基本的に日本の仏教は歴史を通して政治に翻弄されながら今日まで存続してきたことが理解されよう。

●日蓮の仏教

鎌倉時代になると、日蓮は政治と宗教の問題に切り込み、従来の関係を一気に逆転させて、王法に対する仏法の優位を主張した。では佐藤［2014］に基づきながら、日蓮の主張を紹介しよう。

仏教は基本的に個人を対象とするが、日蓮仏教の特徴は王法との関係で個人の救済を説く点にある。だから日蓮にとって王法は重要な意味を待つ。王法は仏法の正邪を正確に判断し、正法《しょうぼう》（『法華経』）を興隆して安国を実現すべき義務も同時に課せられると日蓮は考えた。

日蓮によれば、為政者は仏法に基づく政治を最優先させる義務があり、それを怠るようなことがあれば、その国土には天変地異が続出し、国主はその地位を失って地獄に堕ちるとされた。仏法の優位を説くとはいえ、日蓮が理想とする安国の実現には王法の存在が不可欠であり、この「政治の関与」という点に日蓮の仏教の特徴を認めることができるであろう。

日本古代において「国家」は、第一義には天皇を意味した。古代の律令制で天皇は国家の唯一の主体者であったため、古代仏教で言う「安国／護国」という言葉も必然的に「天皇を護る」という意味を帯びるようになり、この傾向は中世の仏教にも継承される。また当時の権門寺院の僧侶たちは天皇家や上級公家の出身者によって独占されていたから、彼らの言う「護国」とは自分たちの特権的地位を享受できる支配体制の護持を意味していた。よって、そこには「民衆の幸福」など意識されることもなかったし、あったとしてもそれは中心的地位を占めることはなかった。

一方、日蓮の想定する国家は、単に天皇や支配機構の頂点にある権力者を指すのではなく、環境としての国土と、そこに住む人民を中心概念とするものであった。そのため、日蓮のいう「安国」は天皇や既存の政治体制の安泰という意味を越え、すべての民衆の平和な生活というイメージを中心的意味として持つことになった。

初期の段階で日蓮はブッダを内在的（精神的）に捉えていたが、佐渡流罪以降は外在的（肉体的）に捉え直すようになる。たとえば、佐渡流罪の二年前に著された『法門可被申《ほうもんもうさるべき》様事《ようのこと》』によると、世界の頂点に釈迦如来（ブッダ）が君臨し、その下に順次、梵天・帝釈天―毘沙門天―転輪王（輪王）―日本国王という仏神界と人間界の双方を貫通する重層的な階層関係を日蓮は想定した。

こうして、日蓮は本仏であるブッダからはじめ、インドの神々から日本の国王までを一直線に結びつける独自のヒエラルキーを構築したのである。ここに至って、日本の国王（天皇）や国主（時の権力者）は完全に相対化され、仏法の王法に対する優位が揺るぎなく確立されることになる。

このように、日蓮は仏法の王法に対する絶対的な優位を説いたが、この日蓮の理念は当時の為政者には聞き入れられなかった。つまり日本への仏教伝来以来、今日に至るまで、仏法が王法の上位に立つことはおろか、同等の立場にさえ立ったことはなく、基本的に仏法は王法に隷属してきたのであった。

●アジールとしての僧団

そのような日本仏教史の中で唯一、仏教が政治から独立した機能を果たし、政治権力の追及を逃れうるアジール（避難所）の機能を持っていた時期が戦国時代にあった。神田［2010］に基づき、その内容を紹介しよう。

室町時代中葉から近世初期にかけて、禅宗は全国的に展開した。その理由の一つとして、領国の大名（戦国大名）、地域の国人領主ら武士階級による帰依・外護が挙げられるが、禅僧たち自身がおおむね武士階級の出身であり、大名のブレーンとして行動していた。この相乗効果が禅宗の発展をもたらしたのである。このような体制を背景に、禅僧は仏教の独自性を担保した。

たとえば、地域の領主長野業尚《ながのなりひさ》が曇英慧応《どんえいえおう》に帰依し、その外護によって建立された上野国《こうずけのくに》室田《むろた》長年寺《ちょうねんじ》（群馬県高崎市）は、外護者の長野憲業《のりなり》から、たとえ重罪の者であろうと門中に入った者には成敗を加えないという不入の制札（境内の安全を保証する掟）を得ていた。このようなアジールとしての治外法権を保障されていた制札は、禅宗寺院には珍しくないという。

また、多賀谷《たがや》氏開基の常陸国《ひたちのくに》下妻《しもつま》（茨城県下妻市）多宝院《たほういん》住持の独峰存雄《どくほうそんゆう》は、多賀谷重《しげ》経《つね》が斬刑にしようとした罪人の助命を請願して容れられなかったため、この罪人を得度させてともに出奔してしまい、重経の再三の帰還要請にもなかなか応じなかった。

さらにもう一例を挙げよう。薩摩国《さつまのくに》福昌寺《ふくしょうじ》の住持守仲《もりなか》は、寺内に逃げ込んだ武士二人を島津氏の役人が寺内で殺害したことに抗議して寺を捨てて出奔し、家老たちの説得にも帰還を拒否し、最終的に当主島津義久《しまづよしひさ》が直接出迎えに行って帰還を促した。このように、住持の僧には寺院を放棄するという、戦国大名に対する強力な抵抗手段が確保されており、その背景には僧侶による助命嘆願が当然のこととして社会的認知を受けているという事情があった。

こうした僧侶の抵抗は、中世のみならず近世にも認められ、寺院が世俗権力に対して一定の相対的自立性を保ち、アジールとして機能していたこともあったが、このようなアジールは統一政権の成立とともに消滅していくというのが通説であった。つまり、さまざまな地域に固有の権力主体の分立する「政府の威力の不十分」を特徴とする中世社会の中でアジールは存在しえたが、政治権力の分散化の事態が解消される近世になると、アジールは消滅していくと考えられてきたのである。

確かに、この時代の趨勢として戦国大名が寺院のアジールに対して取り締まりを強化したことは通説の通りであるが、すでに見たように寺院の住持が罪人を匿《かくま》ったり助命を嘆願したりすることも頻繁に行われていたので、戦国大名のアジール取り締まりは、アジール消滅への第一歩とみる通説は一考を要するのではないかと神田は指摘する。むしろ、僧侶・寺院の宗教的権威と自身の俗的権力との共存を前提に、両者の棲み分けをめざして必要な統制を加えていくことに主眼があったとの見方も十分可能であると言う。

ミクロな視点で見れば、そのような例が発見される可能性はあるだろうが、マクロな視点で見れば、それは例外的であり、総じて日本の仏教は政治権力に屈してきたと言えよう。今後の研究に期待したい。

●江戸時代：寺請制度

では、そのような政治の影響の中でも、今日の日本仏教を最も特徴づける寺請《てらうけ》制度と世襲制度について、さらに詳しく見ていこう。まずは今日の檀家《だんか》（寺檀《じだん》）制度を誕生させた寺請制度成立の経緯を、圭室［1999］に基づいて整理する。

彼によれば、各宗派の寺院が成立し、そこに僧侶が定住して庶民の葬式を担当するのは、早めにみても一五五〇年代以降のことで、我々の先祖が仏教的葬儀を行うようになったのは、せいぜい約三〇〇～三五〇年位前のことであるという。その発端は寺請制度によるが、そのきっかけとなったのが江戸幕府による伴天連追放令《ばてれんついほうれい》（一六一三）だ。

たとえば、九州の小倉藩農民のキリシタン改めが行われ、転び切支丹にかんしては厳重な取り調べはもとより、村民・村役人・檀那寺にも責任を持たせた。この段階が寺請証文、つまりキリスト教徒を摘発し、それを改宗させる手段の出発点と考えられる。そして日本人全員が近在の寺と檀家としての関係を結び、寺が身分保障（キリスト教徒でないことの保証）をするようになったのは寛永年間であり、このように寺が身分保障をした証文を寺請証文という。

一方、島原の乱で大敗を喫した江戸幕府は警戒を強め、普段から農民の充分な把握を心がけることの必要性を感じ、寺請制度を一段と強化するとともに、人心の完全な把握のために、宗門人別帳《しゅうもんにんべつちょう》（戸籍）の作成を行っている。幕府は天領の菩提寺（葬式を行う寺）に対し、檀家にキリシタンがいないことを保証させ、いることが疑われた場合は、住職に申し開きをする任務を与え、最後に宗派名・寺名・住職名を記入させ捺印させるという徹底ぶりだった。こうして、信仰の有無に関係なく、寺檀関係を結ばなければ自分の身分保障はできなくなった。

この時期、半僧半俗の者を堂宇に住まわせ、村の檀家が講中《こうじゅう》を作り、堂宇を寺に昇格させていくケースが多く見られた。というのも、寺請証文を作成するための寺が急ぎ必要になったからだ。近世寺院（葬式寺）の成立は、この時期に集中している。

こうして幕府は全国の寺院の住職を利用してキリシタン弾圧を徹底すると同時に、日本人全員の戸口調査を住職の手に委ねたため、寺院側には幕府の権威を背景に檀家制度を形成していく絶好の契機が到来した。

では檀家の側は、どのような基準で菩提寺（葬式寺）を決定したのか。幕府は、キリシタンはもちろん、寺院の力が大きくなることも警戒した。新寺建立禁止令を出したり、巨大化する教団の分裂（たとえば浄土真宗〔以下、真宗〕の東西の分断）を試みたが、各宗派内で本山が複数化したことにより、競争原理が働き、宗派内での主導権を握るためには、末寺《まつじ》をいかに数多く獲得しているかが問われることになる。こうして本末制度が誕生した。本山を頂点とする本寺末寺の制度だ。

これにより、本寺は末寺僧侶の任命権や財産管理権を持ち、またその大本山の大僧正《だいそうじょう》は将軍が任命権を持つので、近世の仏教寺院は幕府の支配機構に完全に組み込まれた。また幕府は本末制度を強化するために寺院本末帳の作成を命じたので、この帳面に記載されていることが寺請寺院の条件をととのえた寺院となり、これをもとに檀家側は菩提寺を選択することになる。本寺は経済基盤を安定させるために末寺からの収奪を行ったが、その経済的負担は結果として檀家に転嫁された。

このような体制下、日本古来の先祖供養をテコに檀家制度を固定化し、これを疎かにすると、邪宗門《じゃしゅうもん》のレッテルを貼って「宗門人別帳」から外すという特権をちらつかせながら、寺は檀家を拘束し、布施（この中に戒名・法名も含まれる）を強要できる体制が整った。寺側は檀家の生殺与奪の権力を握ったのだ。現在の日本社会でこの檀家制度が継続しているのは、お墓の存在が大きいとも言われる。これにより、寺は檀家から「人質」ならぬ「骨質」をとっていると揶揄されることもあるが（今枝［2005］）、まずはここに、今日の日本仏教の腐敗要因を確認できる。

●明治以降：世襲制度

つぎに、もう一つの病巣である世襲制度を考えてみよう。「世襲」は「妻帯」とセットだが、僧侶の妻帯は何も明治以降になって初めて現れた現象ではなかった。親鸞に代表されるように、僧侶の妻帯自身は古くから存在していたのである。特に国家公認の官僧《かんそう》（国家公務員）としての僧侶は僧尼令で厳しく行動を制限されたが、その一方で私度僧《しどそう》といわれる僧侶は肉食妻帯だった。

我々日本人にとって、出家者の肉食妻帯にそう違和感を感じないのには理由がある。一つは大乗仏教だ。そもそも大乗仏教は、出家在家といったライフスタイルを伝統仏教ほど問題視しない。問われるのは菩提心《ぼだいしん》（悟りを目指す心）の有無だけだ。くわえて、日本仏教は、最澄の時代に大乗戒を採用し、それを承けた鎌倉新仏教も基本的にこの伝統を踏襲した。戒（道徳）は律（法律）と違って、違反しても罰則規定はない。さらに法然の浄土教は往生の条件を念仏に限定したので、出家在家は問題にされなくなった。それを体現したのが親鸞である。

もともと日本仏教には、いわゆる出家者特有の律を遵守するという意識は希薄であり（後述）、出家者と在家者の境界が曖昧だったことも、日本の世襲制度を考える上で忘れてはならないだろう。そのような土壌に根づいた日本仏教に、明治政府は太政官布告「自今僧侶肉食妻帯蓄髪等可為勝手事」を発布したことで、僧侶の妻帯は公許されることになる。

この布告の評価はさまざまだ。「封建時代の枠内で陰鬱に抑えられていた僧侶の実際上の妻帯を解放したまでで、それまでの僧侶の「隠し妻」を公認したに過ぎない」（五来［1985］）という評価もあれば、「これは律令政治を終焉させ、新たに近代国家に相応しい形態を採用するにさいして、国家側がとった清算だった」（阿満［2007］）という評価もある。ともかくこれにより、僧侶は「身分」ではなく「職分」となった。

明治政府は近代国家として天皇制国家を目指し、新たな宗教統制の道を模索し成功を収めたが、一方の仏教側は律令統治からの解放を享受するだけで、近代国家の中での新たな教団のあり方や僧侶のあり方を追求するのには大きな遅れをとり、親鸞流に言えば「非僧《ひそう》非俗《ひぞく》」の「非僧」は実現したが、「非俗」である点が不明確なままになっていると阿満［2007］は厳しく指摘する。

妻帯の話が長くなったが、僧侶が妻帯して身分が職分となると、ほかの職業と同じく世襲制を取るようになる。儒教の「孝」の影響もあり、日本では親の職業を子が受け継ぐことがよくある。政治の世界では、二世議員のみならず三世議員も珍しくない。日本の全国会議員のうち、三三パーセントほどが世襲議員というから、三人に一人が世襲議員である。アメリカにも二世議員は存在するが、その比率は五パーセントで、日本の比ではない。日本では、官僚の世界でも二世の官僚がいる。

僧侶は政治家や医師以上に「志」が必要とされるが、現在の世襲制は「志」のない僧侶を再生産する装置となっている。高度の専門性が必要とされる職業で健全なのは、スポーツ界だ。この世界で二世や三世はそう存在しない。野球では長嶋茂雄や野村克也の息子がプロの世界に入ったが、その成績たるや、親に及ばないばかりか、平均を下回るものだった。ゴルフの世界も同様だが、これが専門性の高い職業における親子二代の本来の比率である。男児が生まれた場合、僧侶の継承率は九割以上ではないか。

世襲には大量の後継者を継続的に輩出できるという量的なメリットはあるが、出家者の質（品格）を担保するという意味では、欠陥の多い制度である。上田［2004］が紹介するように、顕著な活動を展開する志高き僧侶も確かに存在するし、また地方では地道な地域密着型の活動を実践する、名もなき菩薩のような僧侶もいるが、その数は残念ながら極少と言わざるをえない。

●現代：統一教会問題

最近、政治と宗教の問題が再浮上してきた。統一教会問題である。自民党を中心とした政治家たちは統一教会を利用するだけしておいて、安倍元首相の銃撃事件をきっかけに世間の批判が高まれば、トカゲの尻尾を切るように今度は徹底的に排除しようとする。まさにこれは宗教の政治利用を示す顕著な例だ。島薗［2023］によりながら、この問題を少し考えてみよう。

私自身、統一教会の名前を初めて知ったのは、一九九二年に韓国で行われた合同結婚式の開催であった。日本の芸能人も参加したことで、当時のワイドショーはこぞってこれを話題にした。その後、統一教会の霊感商法も問題視されたが、しばらくしてテレビの話題になることはほとんどなくなった。問題自体が沈静化したかと思ったが、実はそうではなかった。その背後ではマスコミや警察に対して、政治圧力が働いていたのである。なぜか。

統一教会と政治（自民党）との癒着の歴史は古く、一九六七年の本栖湖《もとすこ》会議に遡る。以来、自民党は「反共／勝共」や保守的な家族倫理・性規範の強調など、統一教会が掲げる政治理念に共鳴して協力関係を築いた。政治家は選挙で当選するための手段として教団を利用し、教団はそれによって政治的保護や宣伝効果などの実質的利益を得るという構図ができあがったのである。これにより、統一協会側は国会議員の秘書に組織的に入り込む戦略をとり、選挙のときはボランティアとして候補の手足となって働き、票集めに奔走するなど、ひたすら選挙での得票数の増加を求める政治家にとって「おいしい活動」を行ってきたことは、最近の報道のとおりである。

齋藤［2000］によれば、「公共空間（公共圏）」とは、多様な利害や価値観・世界観を持つ個人や集団が共存しつつ、共通の社会を構成しているという前提のもとに開かれた討議と合意形成に参加していくような社会空間を指すが、その公共空間が今まさに政治と宗教との歪んだ関係により危機に瀕している。

しかし、これは今に始まったことではない。戦前においては、諸宗教も含めて国民すべてが国家神道を受け入れなくてはならない体制になっており、公共空間は著しく制約されたものにならざるをえなかった。靖国神社への首相の公式参拝をはじめ、国家神道の復興を目指す活動は今でも盛んに行われており、公共空間における多様な宗教や思想的立場の参与を抑圧する方向へ進む可能性はおおいにある。統一教会問題とは別に、国家神道問題も、日本における政治の宗教利用の大きな問題であろう。

さらにもう一つ、現代日本の政治と宗教を考える上で避けて通れないのが、創価学会による公明党の問題だ。すでに見たように、日蓮の仏教は政治と深く関与する。よって、日蓮の教えを継承する創価学会が公明党という政党を立ち上げ、政界に進出したのには宗教的な理由があった。宗教の政界進出自体、政治と宗教を考える上で大きな問題だが、私がここで問題にしたいのは公明党と自民党との関係である。

現在、両党は連立政権を組み、与党として活動しているが、それ以前、自民党は公明党を敵対視していた。一九九五年の参院選で新進党が大躍進を遂げ、このまま行けば翌年の衆院選でも新進党が確実に勝利する見通しとなったとき、自民党はその躍進の要因を創価学会の組織力と見なし、反創価学会キャンペーンを実施し、さらに宗教法人法改正を利用した攻撃を始めたのである。

その後の詳細は省くが、創価学会と自民党との和解は進展し、橋本龍太郎内閣の総辞職につづいて発足した小渕恵三内閣が誕生すると、参議院は少数与党の「ねじれ国会」となったため、バブル崩壊後の難局を乗り切るために自民党は連立の相手を求めて公明党に接近した。そして一九九九年には自民・自由・公明の三党連立政権が誕生し、その後、自由党が離脱した後も自公連立は存続し、今日に至る。まさに「無節操」という言葉がピッタリのご都合主義である。

このように、自民党が政治信条や国益は二の次にし、自党存続のために宗教を利用してきたことが分かる。島薗は「あとがき」で「政党や政治が権威主義的な傾向を強めているという現在の状況があり、そこに宗教の権威主義的な側面が利用されている、あるいは貢献していると見なしうる」と指摘する。しかしこれは近年だけのことではなく、本章で確認したように、日本では古代より常に宗教が政治に隷属し、利用されてきたのであり、一度たりとも仏教は政治を支配下に収めたことはおろか、政治から自治を勝ち取ったこともなかったのである。

●「ダルマ」概念の有無から見た政治と宗教の関係

政治と宗教の関係に関して、インドで仏教が政治からの独立性を担保しえたのに対し、中国や日本ではそれが担保できなかったのはなぜか。その理由を「ダルマ」概念の有無という視点から考えてみよう。

中国や日本になくてインドにあった特異性は、ダルマの概念である。これは仏教という宗教を相対化するのみならず、政治をも相対化する概念として機能していた。つまり、ダルマは政治と宗教が共通して尊重する概念なのである。まずは仏教におけるダルマの重要性について簡単にまとめておこう。

仏教は「三宝《さんぼう》」を説く。「仏・法・僧」の三宝である。このうち、「僧」はさておき、「仏」と「法」との関係はどうか。法を覚《さと》って仏になるのであり、また法は仏に説かれなければその存在は知られないから、両者は車の両輪のごとき関係にあるが、理念的には法が仏の上位概念となる。仏を仏たらしめているのは法であり、仏の本質は法であるからだ。

ではなぜ、三宝の中で法よりも仏が先に置かれるのか。三枝［1999］によれば、この順番はブッダ最初の説法の場面に由来するという。ブッダはベナレスで最初の説法を五比丘《ごびく》（苦行時代の五人の仲間）に行ったが、五比丘が最初に目にしたのは仏となったブッダであり、その後、ブッダの口から「法」を聞くことになる。そして仏と法とによって修行する出家者集団、すなわち「僧」が誕生した。この成立順序に従い、三宝の順番が決定されたという。

ともかく、仏教において法は仏をも相対化する概念であり、従来の研究者もここに仏教という宗教の特徴を見る。そしてこの法重視の姿勢は仏教の専売特許ではなく、古来よりインド文化において重視されてきたのであり、政治もこのダルマを無視しては成り立たないことはすでに見たとおりである。

ではダルマを前提にした政治と宗教の関係はどうなるであろうか。石井［1975］を手がかりに整理してみよう。石井はこの関係を上のように図示する。

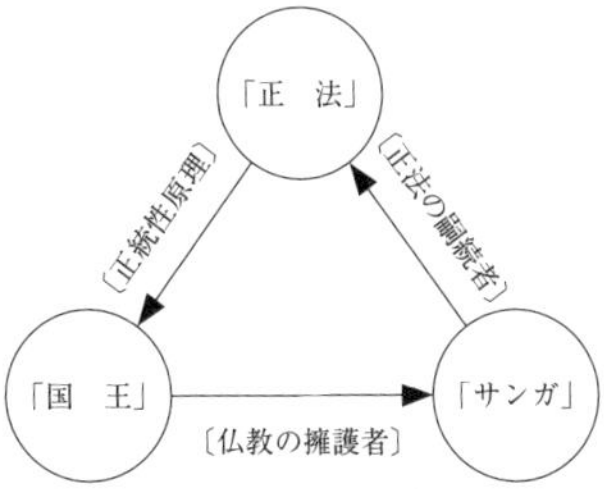

仏教国における伝統的な国家と宗教の基本構造を示す概念図［石井 1975: 81］

三角形の頂点に「正法（ダルマ）」、向って左隅に「国王（政治）」、そして右隅に「サンガ（宗教）」が配置される。つまり、正法は国王に正統性の原理を与え、国王はサンガの擁護者となり、サンガは正法の嗣続者となる。この関係が維持されるとき、政治も宗教も発展することになる。石井はこの図を以下のように説明する。

ダンマ（＝ダルマ、真理としての法）は、国王支配の正統性原理をなし、「ダンマによる」国王の支配は正統性を与えられて、人民の臣服を得る。一方、「ダンマ」自体は清浄な「サンガ」によって嗣続されるべきものであるから、「ダンマ」の存在は、「サンガ」の清浄性によって確保される。そして「サンガ」の清浄性は、正しく持戒する出家者たちによって実現される。

おそらく日蓮が目指したのもこのような理念に基づくものと考えられるが、中国や日本の事情を考えた場合、仏教を相対化するために「ダルマ」は機能しうるが、政治をも相対化することはなかった。たとえば中国の場合、政治を相対化するのは「天」という概念である。

中国の為政者は天命（天の命令）に従うことを求められたので、その意味では自己存在を相対化する概念を持っていた。しかし、その天命の解釈はそれぞれであるから、「仏教を排斥せよ」か「仏教を擁護せよ」かで、取るべき行動は正反対になる。すでに見たように、中国では仏教を排斥した為政者もいれば、擁護した為政者もいた。このように、政治と宗教とでそれを相対化する概念が違うため、為政者の考え方次第で仏教の立ち位置は大きく影響を受けた。

では日本はどうか。日本の場合、インドのダルマや中国の天のように、政治を相対化する概念がない。なぜなら当初の為政者である天皇は「神」あるいは「神の子孫」であったからだ。島薗〔2013〕は日本でも帝王の権威に対して仏法の優位性は明瞭であったとし、その例として花山天皇が王位を捨てて出家した事例を『栄華物語』から引用する。しかし、それは花山天皇自身の個人的な心情に基づくものであり、制度（システム）として歴代の天皇すべてが仏法によって相対化されていたわけではない。

ともかく、鎌倉期以降、政治の実権を武家が握っても、武家は天皇を排斥することはなかった。それは権力の正統性が天皇にあると認めていたからだ。だから武家政権は、形式的ではあるが、天皇から「征夷大将軍」に任じられることを以て「天皇の代理人」となり、実質的な権力を握ったのである。

武家政権は武力を行使すれば天皇家を滅ぼすこともできたであろうが、そうしなかったのは日本人の共通認識として天皇に政治の正統性を認めていたからであろう。そのような天皇が自己の存在を相対化することはなく、外来宗教である仏教が日本に将来されても、「ダルマ」を重視した天皇はいても、それはあくまで個人の見解・態度であり、日本ではシステム（制度）として「ダルマを重視する」ことはなく、今日まで仏教（宗教）は政治に翻弄されてきたのである。

第二章　戒律の不在

仏教の修行系は一般に「三学《さんがく》」にまとめられる。三学とは「戒《かい》・定《じょう》・慧《え》」の三つであり、戒律を保持して身心を整え、禅定を修して精神を集中することにより、最終的に智慧の獲得が得られると仏教は説く。つまり、戒と定は慧という目的を達成するための手段という位置づけになる。したがって、戒律を放棄することは覚りそのものを放棄することを意味するが、その戒律を日本仏教はいとも簡単に放棄してしまった。

●出家仏教の背景

「戒律」とまとめて言う場合があるが、正確に言えば両者は別であり、戒は道徳（努力目標）、律は法律（罰則あり）に相当する（本書では両者を厳密に区別せずに用いる場合もある）。これを守ることで出家者は在家者にはない「出家者性」が担保される。この律を「守る／守らない」ことが「出家者／在家者」を区別することになる。日本では重視されない戒律だが、三学の中に位置づけられている以上、仏教において戒律は重要な意味を持つ。では佐々木［2006］を参考に、古代インドにおける戒律の重要性を見てみよう。

紀元前一三〇〇年頃、アーリア人と呼ばれる民族がインドに侵入し、原住民を征圧してヴェーダに基づく宗教を確立した。これが古代インドの正統宗教であるバラモン教だ。彼らは血統を重視する身分制度（四姓制度・カースト制度）を作り上げ、その頂点にはバラモンと呼ばれる祭官が君臨した。バラモン教の三つの柱は「四姓制度／多神教／祭祀《さいし》」と言われる。祭祀を通じて神々を喜ばせ、それによって現実的な幸福を得ようとするもので、それを実行しうるのは四姓制度の頂点に位置するバラモンであった。

しかし紀元前五世紀頃、この正統宗教であるバラモン教の権威を否定する宗教家が現れた。彼らは沙門《しゃもん》（努力する人）と総称されたが、その一人が仏教の開祖ブッダである。血統（生まれ）を重視するバラモン教に対し、人間の価値は努力（行い）で決まると説いた仏教の基本特性を佐々木は次の三点にまとめる。

（一）超越者（神）の存在を認めず、現象世界を法則性によって説明する
（二）努力の領域を、肉体ではなく精神に限定する
（三）修行のシステムとして、出家者による集団生活体制をとり、一般社会の余り物をもらうことによって生計を立てる

以下、佐々木はこの三つの視点から仏教が持つ独特の規範制度の意味を明らかにするが、まず（一）から見ていこう。仏典を繙けば、梵天や帝釈天などさまざまな神が登場するが、それは一神教のような超越者ではなく、輪廻の中の存在に留まる。またブッダ自身も世界を貫く法則性（法）を見抜いたとはいえ、それを自在に操れるわけではない。仏教ではその法則性を精神集中によって見抜くことを目指すのである。

その法則性を見抜くために精神集中が重要になるが、仏教は反復練習の修行を繰り返すことで、精神のレベルがアップすると説く。精神の鍛錬を主眼とするので、仏教の修行は精神だけを対象とし、肉体的な苦行や沐浴などの肉体的鍛錬は何の効果ももたらさないという。修行とはひたすら自己の精神を集中させ、その悪しき要素を取り除くという瞑想

（禅定）に限定される。これが（二）である。

●在家者との関係

では最後の（三）について考えてみよう。「生まれ」ではなく「行い」を重視する仏教にとって、修行が人間活動の最重要要素と考えられたのは当然であった。そして、その修行に徹底的に打ち込むためには、在家の生活をしながらでは無理であり、出家する必要があり、出家による「自活の放棄」こそが修行生活の基本原理となる。しかし、人間は食べなければ死ぬ。こうして「乞食」という方法が採用された。これ以外に食を得る手段はないのである。

絶対者を認めない法則性の世界において、自己責任制のもとで精神改造を行おうとするなら、修行こそが何を置いても優先されるべき活動となるから、その修行を円滑に行うための環境設定が最重要課題となった。出家者にとって、在家者は自分の修行を助けてくれる必要不可欠なパートナーなのである。

在家者にとっては、自分が布施する相手が立派であればあるほど、自分の布施の善業の果報は大きくなるので、布施する対象を厳しく選択することになる。出家者からすれば、在家者から「立派な人だ」と認識されなければならなかったので、布施者の期待に応えるような立派な生活を送ることが要求される。さもなくば、皆の尊敬をなくし、布施の道は断たれ、修行に専念できなくなるからだ。

出家者は集団生活する方が便利であったため、僧伽（サンガ）と呼ばれる集団を形成し、共同生活を営んだ。一人で修行していれば、出家者の行動の結果はそのまま本人に戻ってくるので、彼が修行生活を続けることができるかどうかは、彼自身の行動による。しかし、集団生活をするとなると、事情は少し異なってくる。組織にはよくあることだが、一人の素行が悪ければ、それが組織の評判を落とすことにもなる。よって、僧伽は構成員全員が世間から非難されることのない立派な修行者として活躍することが絶対必要な条件となるのである。

では、世間から非難されない立派な行いとは何か。僧伽は全カーストに開かれていたので、境遇も価値観もバラバラであるから、そのような多様な価値観を持つ修行者たちに統一した行動をとらせるためには、何らかの規則、すなわち僧伽の法律が必要となる。こうして出家者の守るべき法律が制定されることになった。これが「律」であって、二百以上の禁止事項と膨大な量の運営規則からなる法律体系であり、今でも日本以外の多くの仏教国でも用いられている。

よって、律の目的はあくまで僧伽という集団を維持していくことにあるから、国の法律と同じように、僧伽という組織自体が違反者に罰則を課すことになる。そう考えれば、僧伽のメンバーが律を守って生活するということは、国民が国の法律を守って生活するのと同様に、その集団のメンバーとして当然の行動であり、それによって覚りに近づくとか煩悩が消えるといった精神的向上が得られるわけではない。

これとは対照的に、戒は僧伽という集団とは無関係であり、個々の修行者が覚りに向かって進んでいくための生活規範であり、一般社会の道徳に相当する。戒に違反したとしても、それは本人が覚りに近づけないだけであるから個人の問題だが、律は一般社会との円滑な関係をつくり、僧伽を社会的に尊敬される集団として維持していくために制定された法律であった。

戒は社会の変化とは関係なく、覚るための絶対必要条件であるから変化することはないが、律は社会状況に応じて変更されていくべきものであり、国の法律と似ている。法律をもし変更しなければ、その国家は社会の中で取り残され、やがて崩壊してしまうように、僧伽も律が社会状況の変化に応じて変更されなければ、社会に承認されない集団になってしまうのである。

●日本仏教における戒律の問題

では日本において、戒律はどのような変遷を辿ってきたのか。ここでは松尾［2006b］に基づき、戒律という視点から日本仏教史を概観してみよう。

古代においては、崇峻天皇元年に出家した善信尼《ぜんしんに》が百済に渡っての受戒（戒を受けること：正式な出家者になるための儀式）を望んだため、他の二人の尼とともに高句麗の還俗僧・恵便《えべん》を師として出家し受戒したというが、正確なことは分かっていない。

日本での戒律を考える場合、まずは鑑真《がんじん》を無視するわけにはいかない。出家者が一人前の僧侶となるためには、戒壇《かいだん》という施設で有資格者の僧侶から具足戒《ぐそくかい》を受けなければならなかったが、八世紀前半の日本には正式な戒壇がなく、戒律を授けることのできる有資格者の僧侶もいなかった。そこで聖武天皇は鑑真を招いた。鑑真は東大寺大仏殿前に戒壇を築くと、七五四年二月に聖武天皇らに菩薩戒を授け、翌年一〇月には鑑真を戒和上《かいわじょう》として受戒が行われた。これが日本における正式な受戒の始まりであり、『四分律《しぶんりつ》』に説かれる二五〇戒が受者に授けられた。その受戒を証明する書は戒牒《かいちょう》と呼ばれた。

この鑑真による授戒は二つの意味で重要である。一つは、この戒律を授かった者は中国に留学しても一人前の僧侶と見なされるようになったこと、もう一つは、これにより、僧侶内での序列秩序原理が確立したことである。つまり、年下であっても、早く受戒していれば、その者は「僧侶として年長者」と見なされるようになった。

この後、七六一年には筑前《ちくぜん》（福岡県）の観世音寺《かんぜおんじ》、下野《しもつけ》（栃木）の薬師寺《やくしじ》にも国家的戒壇が設立され、日本の三カ所で正式な官僧（国家公務員としての僧侶）を安定的に輩出するシステムができあがった。

平安時代になると、最澄は八一八年、自分も受けたことのある東大寺での受戒を小乗戒の受戒として否定し、大乗戒壇（延暦寺戒壇）の樹立に努め、『梵網経《ぼんもうきょう》』所説の大乗菩薩戒の受戒を以て大乗仏教の出家者の資格とみなした。『梵網経』における受戒の作法は、釈迦《しゃか》を菩薩戒の戒和上《かいわじょう》、文殊《もんじゅ》菩薩を羯磨師《かつまし》、弥勒《みろく》菩薩を教授師《きょうじゅし》、十方の諸仏を証師《しょうし》、十方の菩薩を同学侶《どうがくりょ》とするが、釈迦以下の戒師は目に見えないので不現前五師《ふげんぜんごし》といい、実際の僧侶が授戒をする従来の作法とは異なる。よってこの受戒は一種の「自誓受戒《じせいじゅかい》（自ら誓って戒を受けること）」であったため、従来の「従他受戒《じゅうたじゅかい》」（他〔戒師〕に従って戒を受けること）の常識を破るものであった。

この受戒は出家・在家を問わず、僧俗に通じる方式であったため、画期的ではあったが、南都系の官僧たちの反発を招いた。しかし、弟子の光定《こうじょう》らの努力もあり、最澄の死後七日目に延暦寺戒壇は朝廷によって正式に認められた。当初、東大寺戒壇と延暦寺戒壇には断絶が見られたが、一三世紀になると両者の違いは希薄化し、ともに一人前の官僧を生み出す国家的戒壇として中世においても機能し続けたのである。ただし、東大寺戒壇での受戒が中国において公認されていたのに対し、延暦寺戒壇での受戒は公認されていなかった。また両戒壇とも、受戒に関して女性は排除されていたという。

ともかく、戒壇の設立により制度としての国家的な受戒制度は機能していたが、官僧の破戒は一般化していた。こうした状況を背景に戒律復興運動が起こることになる。

●日本の戒律復興運動

まず実範《じっぱん》は「東大寺戒壇院受戒式《とうだいじかいだんいんじゅかいしき》」をまとめ、東大寺戒壇院での受戒作法の再興を図ったが、依然として僧侶の戒律に対する関心は低く、破戒も一般化していた。これを憂いた貞慶《じょうけい》は官僧世界から離脱し、遁世僧として戒律復興に努め、弟子の覚真《かくしん》に命じて興福寺に常喜院《じょうきいん》を建て、そこで二〇人の律学衆と暮らしながら戒律研究に励んだが、その一人である覚盛《かくじょう》らによって、後にめざましい戒律復興運動が起こることになる。

破戒の一般化に悩んだ覚盛は、東大寺羂索院《けんじゃくいん》(＝法華堂)で自誓受戒するという破天荒な戒律復興を開始した。これは『占察経《せんざつきょう》』などに基づき、仏・菩薩から直接に菩薩戒を通受受戒することで菩薩比丘になろうとするものだった。

ここで「通受《つうじゅ》」と「別受《べつじゅ》」について説明しておく。大乗菩薩戒は三聚浄戒《さんじゅじょうかい》とも呼ばれ、(一)摂律儀戒《しょうりつぎかい》(止悪《しあく》戒)、(二)摂善法戒《しょうぜんぼうかい》(作善《さぜん》戒)、(三)摂衆生戒《せっしゅじょうかい》(利他戒)の三つから成る。この三つすべてを受けるのを通受、(一)の摂律儀戒だけを受けるのを別受と言うが、東大寺で伝統的に行われてきたのは別受(『四分律』に説かれる二五〇戒)である。

　さて覚盛が行った自誓受戒は以下の二点において前代未聞であった。一つは、戒師がいない場合の変則的なやり方であった自誓受戒を菩薩比丘になるための正式な作法と見なすことで、東大寺戒壇での戒師を否定したことである。もう一つは、鑑真以来『四分律』に説く二五〇戒の別受によって比丘となるとされていたのに対し、通受によって菩薩比丘になると主張したことである。よって、覚盛の行動は東大寺戒壇での受戒を否定する、許しがたい行為と見なされた。また一一四五年には、叡尊らとともに家原寺《えばらじ》（大阪府堺市）で別受を行い、それを核とする新義律宗教団ともいえる新たな教団を樹立したが、一一四九年、道半ばにして死去し、その運動は叡尊《えいそん》に受け継がれることとなった。

　叡尊は東大寺戒壇で受戒して官僧となり、密教僧として新たな人生をスタートしたが、密教僧の堕落ぶりを目にするにつけ、その理由を僧侶の破戒に求めた。その後、叡尊は興福寺の常喜院で覚盛に出逢い、同志とともに東大寺で自誓受戒を行う計画を聞くと、それに参加する約束をした。すでに見たように、自誓受戒は変則的な作法であったが、覚盛らは破戒が一般化した末世に戒師はいないという認識に立ち、仏・菩薩から直接に受戒しようとしたのである。

叡尊らの自誓受戒は菩薩戒の通受受戒であるから、それは摂衆生戒を含むので、利他行という菩薩行の実践を誓うことになる。この戒の具体的実践として、叡尊らはハンセン氏病患者の救済をはじめとする驚異的な利他行を行ったのである。自誓受戒の後、叡尊は遁世僧として活躍した。

さて、官僧から離脱して遁世僧となった叡尊ではあったが、決して従来からの伝統的な受戒を無視したわけではなかった。菩薩戒は出家・在家共通であるため、叡尊は僧侶（出家者）であるためには『四分律』の戒律をもあわせて守るべきと考えていた。要するに叡尊らの則った戒律は、僧侶としては『四分律』であり、菩薩としては梵網戒（大乗戒＝三聚浄戒）であり、菩薩僧（菩薩比丘）を理想とした。

女性が旧来の戒壇から排除されていたことはすでに指摘したが、叡尊らの努力により奈良の法華寺に尼戒壇が樹立され、尼戒壇において尼僧への授戒が行われた。これは日本仏教史上の快挙であったと松尾は指摘する。

以上は、東大寺戒壇に対する改革運動から出発した事例であるが、覚盛・叡尊・忍性《にんしょう》らの運動を意識し、延暦寺戒壇に対しても興円《こうえん》やその弟子の恵鎮《えちん》によって戒律復興運動が起きていた。延暦寺戒壇での国家的受戒は続いてはいたが、戒律護持がなされていないことを嘆いた興円は、最澄に帰ろうという思いが募った。そこで興円は一三〇五年、黒谷で一二年間の籠山行《ろうざんぎょう》を開始し、恵鎮もそれに加わったことで、興円らによる戒律復興運動が始まった。

このように、破戒と持戒との狭間で起こった戒律復興運動の思想史的意義は、ブッダへの回帰をめざす運動と連動し、新たな仏教改革思想とその運動の起点となった点にあると松尾は言う。

●近世以降の戒律復興運動

戦国時代以降の新たな戒律復興運動は明忍《みょうにん》を嚆矢とする。西大寺ですら持戒がなされていないと認識した明忍は、叡尊らの自誓通受の方式をとり、戒律復興を目指した。この南都系の戒律復興運動に刺激を受け、延暦寺系でも慈山妙立《じざんみょうりゅう》を祖として、延暦寺飯室谷《いむろだに》安楽院《あんらくいん》を中心に、大乗戒のみならず小乗戒も兼受すべきとする安楽律《あんらくりつ》の運動が起こった。また霊潭《れいたん》を祖とし、念仏と戒の一致を説く浄土律など、浄土宗でも戒律復興運動が起こった。

近世の戒律復興運動で忘れてはならないのが、明治時代の仏教界にも大きな影響を与えた慈雲飲光《じうんおんこう》の正法律《しょうぼうりつ》の称揚だ。ブッダの生きていた時代の仏法すなわち正法の時代に帰ろうとした慈雲は、経典に説かれた戒律を厳格に守ろうとし、僧侶には別受を行ったが、俗人には十善戒《じゅうぜんかい》を授け、戒律と道徳の一致を説いた。このように、慈雲の正法律は真言律の枠に留まるものではなく、通仏教的な性格を有し、十善戒は現世に生きる人々に倫理規範を与えたために、明治の諸宗派の戒律復興運動に大きな影響を与えた。

この戒律復興運動の背景には、江戸時代の僧侶たちが寺檀制度・宗門人別帳制度によって、江戸幕府の戸籍管理の役割などを担わされ、「官僧」として保護される一方で、俗人との違いを戒律護持などに求めたことが挙げられよう。

明治時代になると、一八七二年に「太政官布告」により、僧侶の「肉食・妻帯・蓄髪」を容認する法令が出されたが、これはその前年に出された寺請制度の廃止令と、それに伴う僧侶の官僧化廃止に伴う政策であった。この法令に対しては、浄土宗の僧侶である福田《ふくだ》行誡《ぎょうかい》が仏教界の放埓ぶりを憂い、その布告の撤回を明治政府に求め、戒律復興運動は高揚したが、そのモデルとなったのが、慈雲の正法律の運動であった。

つまり、正法律は宗派を越えて僧侶の破戒状況を正す機能を有し、また十善戒は現世の問題から逃避的で近代化にそぐわないと批判された仏教に、現世的な倫理を提供すると考えられたのであった。しかし、このような運動にもかかわらず、僧侶の妻帯は真宗以外にも次第に一般化し、日本仏教の特徴の一つになってしまったのである。

以上から分かるように、日本においては最澄の大乗戒壇設立以降、出家在家の区別が曖昧になり、戒律軽視は常態化してしまった。ここで見たように、戒律復興運動は日本仏教史の中で何度か誕生はしたものの、それは単発的な運動に終わり、日本仏教の土台を根本的に変革するほどの運動には発展しなかった。

日本の植民地時代に妻帯が一般化した韓国では、一九五〇年代に僧侶の妻帯反対運動が起こり、それによって現在では妻帯を否定する宗派が多数派になっている。韓国でも戒律復興運動が起こり、まだ日が浅いとはいえ、僧侶の妻帯を否定する方向に進んでいる。さて、日本はどうするか。

●律不在の日本仏教

以上で、日本仏教における戒律の歴史がおおよそ明らかになったので、つぎに佐々木［2002］によりながら、日本仏教における戒律の問題点を考えてみよう。

仏教の輪郭は明確であり、「三宝」として提示できる。大乗仏教の誕生により、仏宝にかんしては多くの他方仏が出現し、また法宝にかんしても大量の大乗経典の出現で多様化したが、外的枠組みとしての三宝は形式的には保持され、この三宝によって仏教は成立するという原則は守られた。

仏宝と法宝は多様化の道を辿ったが、僧宝は大きな変化を被らなかった。というのも、僧宝は仏宝と法宝のように抽象的概念ではなく、実際に生活する人間の形態であるから、たやすく変更できない。そしてその修行者の生活形態を規定する律蔵は仏教側の勝手な思い込みで作られたのではなく、外部の一般社会から要請される理想的修行世界のイメージに合わせる形で形成された。

つまり、彼らの生活形態は常に外部社会からチェックされる形で営まれたのである。出家者は生産活動に携わらなかったので、修行に専念するためには在家者からの布施は必須だったからだ。出家者の集団は世俗（一般社会）を離れてはいるが、そうかと言って、それを無視しては成り立たなかった。

以上が、インド仏教の実情だが、これと比較した場合、日本仏教の特徴が見えてくる。仏教の大枠は三宝だが、仏宝（仏像）と法宝（経典）の二つが日本に将来されたものの、正確な意味での僧宝は当時の日本には存在しなかった。それを可能にしたのが、鑑真の渡来だ。つまり、鑑真による授戒の執行が行われるようになって初めて日本は三宝すべてを保有することになり、真の仏教国として内外に承認されたのである。

しかし、これは中央政権が国策として行った事業であり、導入された仏教には国家宗教としての働きが求められた。そのため教団の運営は、出家者が本来基づくべき〝律蔵〟ではなく、世俗である国家の〝法律（僧尼令）〟に従って運営されることになる。ここでも国家仏教の弊害を確認することができよう。したがって厳密には、日本の仏教は三宝ではなく、二宝によって成立している〝不完全な仏教〟ということになる。

インドでは出家者は妻帯できなかったので、教団を継続的に維持していくためには外部社会から新規参入者を常に受け入れ続けなければならないが、そのためには〝聖なる世界〟としての教団の優秀性が世間に認知されなければならなかった。だから、出家者たちは律蔵に基づいた正しい行動を取る必要があったのである。ここに律蔵の存在意義があるが、出家者が世襲されると、この点もまったく問題視されなくなってしまう。逆に親を見て「こんなので坊主は務まるのか」と堕落に拍車をかけているケースもあるのではと危惧する。負のスパイラルと言うしかない。

最後に佐々木は、「宗門内の閉じた世界で徒党を組み、出家の志を持ってやってくる外部の人間には門を閉ざし、確たる規範も持たずに高邁な教義だけを振りかざす教団に若者が惹かれることなどあり得ない」と結ぶ。我々は日本仏教の現状を当たり前だと思っているが、二宝しかない仏教は極めて歪であることを、まずはしっかりと認識することから始めなければならない。ではどうすればよいかについて、佐々木は将来に向けていくつかの提言をしているが、それは第五章で取り上げる。

●インド仏教からあった出家者の腐敗

ここまで散々日本仏教の堕落に焦点を当てて論じてきたが、では翻って、日本以外にはこのような堕落や腐敗はなかったのかというと、決してそうではない。ここではインド仏教の事例を紹介する。しかも仏滅後間もない時代の仏教だ。この早い段階で仏教はすでに堕落を始めていた。取り上げる資料は『長老偈《ちょうろうげ》』である。

これは韻文から成る古層経典であり、仏滅後の長老たちの言葉を集成した文献だが、この中のアヌルッダ長老の告白がある。彼はブッダの従弟であり、ブッダの教えを聞いている最中に居眠りをしてしまい、ブッダの叱責を受けると、不眠の誓いを立てて精励したため、失明してしまったが、天眼を得たという伝説がある。

では彼の告白の内容を見てみよう。全体的な構成は、「初期の修行者は立派だった」という称讃の詩頌《しじゅ》が七つあり、それに続いて、「しかし、今の修行者は堕落している」という落胆の詩頌が一四ほど続く。中村［1982］からいくつか紹介しよう。まずは称讃の詩頌から。

美味なる食物であろうとも、粗悪な食物であろうとも、少なかろうとも、多かろうとも、ただ生きて行くために食べた。かれらは、貪欲となることもなく、眩惑されることもなかった。

森の中では樹の下で、岩窟や洞窟の中で、遠ざかり離れることを専念しつつ、それをめざして暮らしていた。

心がまえが低く（謙虚であり）、質素で、温和であり、心が頑なになることなく、汚れに染まることなく、おしゃべりになることなく、目的を考えることに思いを凝らしていた。


ほかにもあるが、これだけ見ても、真摯に道を求める初期の修行者の佇まいが伝わってくる。まさに理想的な修行者の姿。しかしこの後、「もろもろのすぐれた特質と智慧とが滅び去るが故に、あらゆるすぐれた美点をそなえた勝者（ブッダ）の教えが滅びる」と前置きし、落胆の詩頌が説かれる。これも中村［1982］からいくつか紹介する。


かれらは正しい教えを捨てて、互いに争う。かれらは（誤った）見解に従って、「これこそ優れている」と考える。

かれらは腹がふくれるほどに食べて、背を下にして臥している。目がさめると雑談をしている。――雑談するのは、師の禁ぜられたことであるのに。かれらは、奸詐なる者、欺瞞する者、偽証する者、放埒なる者どもであって、多くの術策を弄して、財を受用する。

或る人は、そのように、剃髪し、重衣をまとっているが、修行に勤めないで、利得や供養を得ることに現を抜かし、尊敬されることだけを求めている。

この後、「このように、種々のことがらが過ぎ去ると、今や、あのように、未だ体得しないことを体得し、またすでに体得したことを護りつづけるということは、容易ではない」と総括する。いつの時代も、精進を継続するのは簡単ではなかったようだ。

これらの記述だけでは、堕落した出家者が教団の中にどれくらい存在したかはわからないが、ともかく戒律を守ることが前提の古代インド仏教においてさえ、堕落した出家者がすでに現れ始めていた様子が窺える。とすれば、律なき日本仏教の腐敗ぶりはどう考えるべきか。私は軽視できない問題のように思う。

●教祖信仰

最後に、これも日本仏教の特徴である教祖信仰を取り上げよう。

現在の日本の仏教は、平安時代から鎌倉時代にかけて活躍した宗教家たちが新たに立ち上げ、後の各弟子たちが彼らを宗祖として成り立っている宗派仏教が中心である。新たな宗派を創立したので、彼らは宗祖として崇拝される価値はあるのだが、今日においてはそれが原理主義的な傾向を帯びている点も否定できない。まずはこのような状況に陥った背景を、前川［2010］を手がかりに考えてみよう。この問題も戒律と関係がある。

前川は鎌倉新仏教の意義を考えるとき、ほかの仏教国と比較して端的に目につくのは、戒律の著しい衰退であると指摘する。佐々木同様に前川も、律（ヴィナヤ）に基づいて教団生活を行う者が出家者であるという仏教の根本原則が日本では機能しなかったのみならず、そういう観念そのものが日本仏教には存在しないと指摘する。そしてそのマイルストーンになったのが鎌倉新仏教の成立と発展であるという。どういうことか。

周知のごとく、鎌倉新仏教の各宗派は比叡山の天台宗を母体としている。そしてその天台宗の最大の特徴は「律は小乗のものであり、大乗の出家者には不要である」という主張だが、この「律＝小乗」という見解は鎌倉新仏教の各宗派で踏襲され、確固たる日本仏教の「常識」になってしまった。中世以降、律の復興は何度も試みられたが、この「常識」に打ち勝つことはできず、律を過小評価する見方は近代仏教学にまで尾を引いているという。そして最後に前川はこう指摘する。

律という仏教教団の共通規範を否定する以上、各宗派は独自の仕方で僧侶を養成することになる。そして、宗派内では求心力を維持するため、各祖師のカリスマ性が声高に語られることになる。宗派性の強さや祖師信仰といった、一般に日本仏教の特徴とされるものは、律の衰退と相関している。

とすれば、教祖信仰の背後にも律の不在は暗い影を落としていたことになる。ではこれを踏まえて、教祖信仰の何が問題なのかをさらに考えてみよう。

●仏教に原理主義はない

さきほど「原理主義」に言及したが、仏教本来の立場からすれば、宗派仏教の原理主義的傾向こそが問題なのである。結論をさきに言えば、仏教に原理主義はないし、あってはならない。その理由は極めて簡単だ。原理主義は仏教の本質に反するし、原理主義を認めれば、そもそも日本仏教が成立しなくなるからである。なぜか。

小室［2000］によれば、原理主義（Fundamentalism）とは「聖書に書いてあることをそのまま事実だと信じること」である。敷衍すれば、「聖書のみが完全無謬の絶対的権威であり、そこに書かれていることを事実として信じること」と言える。そしてこの原理主義はキリスト教にだけ見られるものであり、ほかの宗教にはありえないと言う。

「クローズドキャノン（閉ざされた聖典：変更不可）」と「オープンキャノン（開かれた聖典：変更可能）」の二分法で聖典を分類すれば（Metzger［1987］）、変更や付加を許さずに教えを固定化するキリスト教の聖書はクローズドキャノン、一方、仏教の経典はオープンキャノンと言える。真理は表現を越えているが、その真理を表現する言葉は多種多様であってよいという考え方が仏教の基本にある。だからこそ、大乗経典も新たに経典としての地位を獲得した。重要なのは「仏（普通名詞）の言葉」であって、「ブッダ（固有名詞）の言葉」（この場合の「ブッダ」は「宗祖」に置換可能）ではないということである（平岡［2015］）。

仏教が原理主義であれば、大乗仏教は誕生しなかったし、鎌倉新仏教も存在しなかった。なぜなら、原理主義はブッダの教えの変更を一字一句認めないので、この立場に立てば、古代インド仏教の教えは時空を越えて現在の日本にもそのまま伝承されていなければならない。しかし、仏教はその立場を取らず、時機相応の教えとして機能してきたからこそ、変容し多様化して、大乗仏教を産出し、日本仏教を成立せしめたのである。

初期仏教と鎌倉新仏教とを比較すれば、簡単にわかることだ。念仏・唱題・信心・只管《しかん》打坐《たざ》・三密加持《さんみつかじ》などの教えは、ブッダの教えに微塵も確認できないのである（坐禅は確かに存在したが、道元が主張する修証一等《しゅしょういっとう》の考えは存在しない）。時代性や地域性を常に意識しながら、その時代その地域に住む人々の苦に対峙して仏教は変容してきた。まさに現在の日本宗派仏教の祖師たちは、ブッダの教えを見事に脱皮させ、それぞれ個性的な教えを展開してきたのである。

日本の仏教徒も開祖ブッダを否定しないが、ブッダ以上に宗祖を重視しているのは確かだ。では、「ブッダ以上に宗祖を重視する態度の肯定」は何を意味しているのか。それは、とりもなおさず「その宗祖を否定するという態度の肯定」である。ブッダの教えを新たに脱皮させたのは宗祖だが、その宗祖の態度を肯定するなら、その宗祖の教えを将来、脱皮させる者の存在も肯定しなければならない。逆に、宗祖の教えを脱皮させる者の存在を否定するのなら、ブッダの教えを脱皮させた宗祖も否定されるべきである。

この場合の「宗祖の否定」とは、宗祖の存在や思想を価値なきものとして否定するのではなく、「宗祖を超えていく／宗祖を絶対視しない」ことを意味するが、果たして現在、そのような動きが各宗派にみられるだろうか。並川［2017］はこう指摘する。

開かれたはずの宗派が、時代性や地域性を反映することなく、旧態依然としてまるで保持することが目的化したかのように存在し続け、それによって排他的な状況を生むことになれば、その宗派は宗祖の意志はもとより、仏教の範疇からもはみ出している。仏教は常にその時代その地域に根ざした宗教であり、そこで生き生きと活動していなければならず、現実を無視してただ単に形式的な信仰という形態だけで宗祖と個人が結びついて存続しているならば、これまた仏教の枠から逸脱することになるのである。宗祖が宗を起こした真意が今も生きているかどうかを直視することが、宗祖の真意を継承することになるであろう。そこに、宗派が宗派として存在する意義があるはずである。

原理主義ではないからこそ日本の宗派仏教は誕生したのに、宗祖の教えを絶対視すれば原理主義に陥り、それはとりもなおさずブッダの教えを脱皮させた宗祖自身を否定することになる。この単純な理屈に早く気づかねばならない。

第三章　葬式と戒名

日本仏教は葬式仏教と揶揄されて久しい。しかし、葬式仏教は本当に問題なのか。問題があるとすれば、葬式仏教の何が問題なのか。また戒名の問題も日本仏教を批判する際の槍玉にあがる。そもそも葬式や戒名には歴史的正統性があるのか。本章では、葬式や戒名の歴史的正統性を検証する。

●葬儀不要論の第一期

二〇一〇年、宗教学者の島田裕巳《しまだひろみ》によって著された『葬式は、要らない』は多くのメディアで取り上げられ、「葬儀不要論」が活発化した。しかし、これは最近になって突如、姿を現したわけではない。古くは中江兆民《なかえちょうみん》(一八四七〜一九〇一)や白洲次郎《しらすじろう》(一九〇二〜一九八五)などがすでに葬儀不要論を唱えていたという。そこで、菊川[2014]に導かれながら、戦後から近年までの葬式不要論を概観してみよう。

菊川は、戦後から近年までを三期に分けて考察する。第一期は一九四七年頃の「新生活運動」を背景とする行政主導の葬儀改革論、第二期はそれを基盤にして起こった一九六八年頃の知識人を中心とする葬儀改革論、そして第三期は近年の島田裕巳を中心とする葬儀不要論であり、各時代の相違点と共通点とを浮き彫りにする。これにより、葬儀の合理化の対象が、花輪や祭壇などの「装飾品」から布施や戒名などの「宗教的存在」にシフトしているという。では先ず第一期から見ていこう。

終戦直後、「新生活運動」という行政主導の政策により、従来の葬儀に対する改革論が引き起こされた。これは敗戦後、精神的にも経済的にも疲弊した社会において国民生活の質の改善や向上を目的に実施された運動のことである。一九四七年に片山哲内閣が閣議決定をもって「新日本建設国民運動要領」を提唱し、さらに鳩山一郎内閣が公約に推進を掲げたことで、運動は軌道に乗った。この運動項目は次のように分類される(田中[2003])。

A：人間としての道義の問題
　↓　公衆道徳の効用、助け合い運動、健全娯楽の振興
B：生活合理化への啓蒙
　↓　冠婚葬祭の簡素化、無駄の排除、貯蓄と家計の合理化、時間励行
C：伝統行事にまつわる無駄の見直し
　↓　生活行事・慣習の改善、迷信因習の打破
D：健康で衛生的な生活指向への啓蒙
　↓　衣食住の改善、保健衛生の改善、蚊とハエをなくす運動
E：産児制限の啓蒙
　↓　家族計画

こうした実践目標に即して、地域・学校・会社などの単位でさまざまな取り組みが実施されたが、このうち、とくにBの生活合理化に関する関心は高く、これら冠婚葬祭の枠において合理化の対象とされたのが「葬儀」であった。では新生活運動が目指した葬儀とはいかなるものだったか。たとえば、一九五〇年、岐阜県不破郡では各戸に「不破郡生活改

善申合事項」が配布されているが、そこには次のように記載されている。

通夜：通夜の饗応は茶菓の程度に止め、一般の通夜は午後十時を限度とすること
喪服：服装は持ち合わせのものを用い、新調は止めること
葬式：時間を励行し会葬者に迷惑をかけないこと。供花放鳥は全廃すること
　香典は近親者のみに止めること。香典返し、忌明け配物は廃止すること
　酒の饗応は一切廃止すること
法要：法要は精神的を旨とし徒に形式に流れず、簡素厳粛とし、特に家人の参拝礼拝機
　会を得るようにすること

これらの禁止事項は、当時その逆のことが行われていたことを意味し、豪華な葬儀が習慣化していたことを物語っているが、ここでは寺院に対する「布施」が抑制や簡素化の対象とはなっていない。その理由として菊川は、（一）当時の布施が高額ではなかった、（二）高額でも人々が納得していた、あるいは（三）改革不可な「聖域」だった、などを想定しているが、いずれかを断定する根拠を見出すには至っていない。

それはともかく、一九六〇年代には「葬儀不要論」が噴出しているので、この運動は現実の葬儀に大きな変革をもたらさなかったと菊川は指摘する。

●第二期

一九六〇年代になると葬儀不要論が再燃するが、そのきっかけは一九六四年に「朝日新聞」に掲載された京都大学名誉教授・稲田務《いなだつとむ》の「私の葬式はしない」という記事であった。以下、その内容を紹介しよう。

私は盛大な葬式に対して疑いを覚える。そこで私の死去の場合、ただ死亡届を出すだけにきめた。それを受けとられた方は、心の中で私を悼んで下されば満足である。世間なみの葬式は行わない。これは葬式的なことをやめるためと、会葬していただいたり、その世話をしてもらうなどの手数をかけないためでもある。すでに死んでいる私には、葬式は意味はない。

これにはかなりの反響（賛同）があったようで、その根拠として「虚礼・世間体重視風潮／多額な経済負担／他人への迷惑」などが挙げられている。そしてこれを機に、元代議士の太田典礼《おおたてんれい》や東舜英《あずましゅんえい》らの知識人が発起人となり、「葬式の簡素化、合理化を検討し、その普及を目的」とする「葬式を改革する会」が発足し、その会が中心となって『葬式無用論』を刊行した。

ただし、その方向性には微妙なズレがあり、一切の葬式を否定する「葬儀無用派」と、無駄を排した新たな葬儀を提唱する「葬儀改革派」とに分かれ、大半は後者に属していたようだ。では両者の葬儀に対する批判理由の代表的なものを紹介する。

①「経済的負担」に対する批判：これは寺院に対する布施ではなく、遺族に対する香典のことである。戦前は相互扶助によって、金銭を持参しなくても、現場での「労働力」や「米」などを提供することで代替が可能だったが、戦後は参列者の貢献が金銭のみに限定されたことが香典の批判を出現させる結果になったと考えられる。

②「他者への迷惑」：個人主義の進行により、親族や知人は別として、付き合い程度で

参列を強いられる人々にとって、無駄な時間を強要することになりかねないという遺族側の配慮とも考えられるし、参列する側の本音とも考えられる。

③「死者中心」に対する批判：僧侶が死者のみを相手として、遺族を顧みないという批判を僧侶自身が吐露しているが、これは現代の葬儀批判の内容とも一致する。

④「歴史的（教義的）根拠の欠如」に対する批判：これは仏教学者の渡辺照宏が『大般涅槃経』の記述に基づき、「仏教と葬儀とは本来無関係である」と指摘していることに基づく（これについては後ほど取り上げる）。

⑤「信仰心欠如の宗教儀礼」に対する批判：信仰のなかった者も、亡くなれば慌てて坊主を雇い、お経を読んでもらって何の役に立つのかという、信仰不在のままに行われる葬儀に対する批判である。

こうした批判により、葬儀は改革の方向へシフトしたのかというと、高度経済成長に後押しされて、皮肉なことに現実の葬儀は簡素化とは正反対の「華美化」の方向へと展開していく。さらにこの時期で重要な変化は、葬儀社の存在が不可欠となったことだ。社会状況などの変化により、遺族は次第に人手不足に陥り、それを葬儀社が補うことになる。こうして葬儀は商品化され、派手な葬儀を産み出す環境を整備し、結果として贅沢な葬儀は経済の破綻とともに「葬式は、要らない」に収斂していく。

●第三期

戦後から第二期の葬儀不要論が知識人を中心に展開されたのに対し、第三期のそれは情報社会の煽りを受け、一般市民をも巻き込んだ点にその特徴が認められる。ではその火付け役となった島田裕巳の『葬式は、要らない』の内容を見てみよう。菊川はその論点を以下の三つにまとめている。

①葬儀における経済的負担への批判：葬儀の費用は平均で二三一万円と、世界でも類を見ないほど高額であり、寺院に支払われた「布施」の平均額が五四万九千円であることに注目し、その大部分を占める戒名料が説明不足のまま高額であり続けていることに対しても疑問を呈している。近年、「直葬／家族葬／樹木葬」などが台頭している

背景には、経済的負担の大きい葬儀への批判が存在している。

②グリーフケアの欠如：金銭的な負担が莫大にもかかわらず、僧侶によるグリーフケア（遺族の精神的な支えとなること）が充分でないことへの批判である。僧侶本来の仕事は人々の苦しみや悲しみに寄り添うことであるのに、読経がすんだら帰ってしまうといった態度をとる僧侶への批判である。

③歴史的根拠の欠如：これはさきほど見た渡辺照宏と同じ論拠であるが、島田はこれに加え、日本でも飛鳥時代から奈良時代にかけて葬式仏教の要素はなく、また戒名も仏典に根拠がないと指摘する。こうした仏教と葬儀の関係について、一九六〇年代に問題提起されているにもかかわらず、現代においても同様の批判がなされているということは、五〇年が経過しても仏教側が満足な回答を示しえていないことを示唆している。

こうして葬儀不要論を年代順に整理すると、見えてくることがある。それは最初期に問題視された花環などの「装飾品」に対する批判は姿を消し、それに代わって「宗教的なもの」に対する不満が葬儀不要論の中核をなしているという点だ。「装飾品」に対する批判は葬儀社が遺族の意向を最大限に反映させ、人々を満足させる方向に改良されたのに対し、遺族も葬儀社も介入しにくい「布施」や「戒名」などの宗教的存在は旧態依然としたままで、批判の対象になっているのである。ここに菊川は、顧客の要望に応える葬儀社と、遺族の想いに応えようとしない仏教者という対比を浮き彫りにしている。

東日本大震災を機に「弔い」に対する人々の想いが高まったのを根拠に、「葬儀不要論の沈静化」が一部で論じられているが、僧侶がそれに安堵して、経済的負担が大きく、死者のみを相手にするような旧態依然とした仏教式葬儀を執行するなら、仏教式葬儀は姿を消す一方だろうと、菊川は警鐘を鳴らす。

●葬式をめぐる近年の事例

このような戦後からの葬式不要論は現代ではどのようになっているのか。近年、従来の葬儀のあり方が大きく変化している。葬儀は簡略化・縮小化・短時間化の道を辿り、死は軽視されつつある。さらにコロナ禍が、この勢いに拍車をかけた。第一章で説明したように、ねじれた形で始まった寺請制度に基づく葬儀であるから、その反動が今になってようやく顕在化してきたとも言えよう。その背景には、日本社会の構造や家族の形態が変化したことも忘れてはならないが、その一端を長澤［2016］から紹介する。

その端的な例は「送骨《そうこつ》」だ。亡くなった遺族らの遺骨を日本郵便の「ゆうパック」で霊園や寺に送る送骨が広がりをみせている。インターネットでの申し込みで遺骨を霊園に持参しなくても納骨できることを理由に、需要が伸びているという。ある霊園では、専用の梱包キットに遺骨の入った骨壺や法律で定められた埋葬許可証などを同封し、料金三万円を支払えば、霊園内の合祀墓で永代供養するようである。

「送骨」をインターネットで検索すると、幾つもの業者がヒットするようだが、これらは僧侶派遣会社であり、料金の透明性や僧侶との一度限りの付き合いという手軽さが謳われている。「大切なご先祖様をお寺が責任を持って永代にわたるご供養のすべてを行います」という宣伝文句があるという。見も知らぬ相手の先祖を「大切な」という形容詞をつけて呼ぶ神経は、もはやギャグとしかいいようがない。私も検索してみたが、「心をこめた送骨供養を」という宣伝文句も見つけた。「送骨」の形容句に「心をこめた」は、いかがなものか。

宗教学者の島田裕巳は「0葬」を主張する。これは通夜や葬式は行わず、火葬のあとは骨も持ち帰らず、お墓も持たないという新たな弔い方をいう。このほかにも「墓じまい」や「離檀《りだん》(檀家を離れること)」も進んでいるようだ。このような弔いのカジュアル化は枚挙に暇がない。

寺請制度という非本来的な形でスタートした葬送儀礼には、この後で説明するように問題は多く、このような状況に一定の理解は示せるが、弔いのカジュアル化がこのまま進行し、死が不透明化し、希薄化するのも大いに問題がある。そこでつぎに、葬式仏教の歴史的正統性をあらためて考えてみよう。

●葬儀の正統性:『大般涅槃経』をどう理解するか

ではここで、渡辺照宏や島田裕巳など、葬儀不要論を主張する人々の論拠となった『大《だい》般涅槃《はつねはん》 経《ぎょう》』の記述を検証しなければならない。渡辺照宏らが主張するように、出家者がブッダの葬儀に関わっていなかったとすれば、その正統性は失われるからだ。

ブッダの侍者アーナンダはブッダが間もなく亡くなることを察知し、「尊いお方よ、私たちは如来の遺体を、どのように処理したらよろしいでしょうか」と質問をすると、ブッダは次のように答えるが、その中で従来「葬儀」と訳されてきた原語「シャリーラプージャー（直訳すれば「遺体供養」）」の解釈自体が問題なので、ここではあえて訳さず、原語のまま使用する。

「アーナンダよ、そなたたちは如来のシャリーラプージャー（遺体供養）に携わるな。アーナンダよ、そなたたちはどうか自身の目的のために励んでもらいたい。自身の目的に専心していればよいのだ。自身の目的に努め励み、専念しなさい。アーナンダよ、如来を信仰するクシャトリアの中の賢者たち、バラモンの中の賢者たち、資産家の中の賢者たち、彼らは如来（私）のシャリーラプージャーをなすであろう」

問題は傍線で示した「そなたたち」が何を意味するかである。「出家者全員」と見れば、従来の解釈は正しいと言うことになるが、アメリカの仏教学者ショペンはこれを「アーナンダ（などの悟りを開いていない出家者）」と解釈する。つまり、逆に言えば、悟りを開いた出家者はブッダの遺体供養に関わったという。それを裏づけるのがマハーカーシャパによる遺体への点火だ。荼毘《だび》に付そうとしたが、彼が到着するまで火は点かなかったからだ。

このショペンの論攷を根拠に、鈴木［2013］は出家者が葬儀を行うことには歴史的正統性があるという。鈴木によれば、「シャリーラプージャー」とは、我々がイメージする「葬儀」ではなく、「遺体を装飾し納棺する／荼毘に付す／遺骨塔《いこつとう》を建立する」の三要素よりなる、一連の遺体処置手続のことを意味し、ブッダが禁じたのはアーナンダがシャリーラプージャーを行うことであり、出家者全員がシャリーラプージャーを行うことを禁じたのではない。

この時点でアーナンダはまだ阿羅漢《あらかん》の覚りには到達していなかったので、まずはその目的に向けて修行に励むように諭しているのであり、いわゆるブッダの「葬儀」は阿羅漢の覚りを得た出家者のみが関わることのできる儀式だったというわけだ。

しかし、インドから日本までの葬式の歴史を網羅的に考察した大竹［2023］はこの『大般涅槃経』の記述も含め、さらに詳細に分析を加えているので、それを見てみよう。

●葬儀の歴史

仏滅後、和合を保っていたインド仏教はいくつかの部派《ぶは》（グループ）に分裂した。したがって、部派毎に葬式に対する態度も異なる。これを前提に先ほどの『大般涅槃経』の記述を分析すると、どうなるか。大竹は先ほどの南方上座部のパーリ聖典の下線部は榎本［2007］に基づいて「出家者全員」と理解する。よってショペンの理解は間違っているという。そして同じ南方上座部《なんぽうじょうざぶ》の仏典『ミリンダ王の問い』の記述を手がかりに、ブッダのみならず阿羅漢となった声聞《しょうもん》の遺体供養も在家者に任されていたとする。

しかし、同じ上座部《じょうざぶ》系の説一切有部《せついっさいうぶ》では、マハーカーシャパがブッダの葬式をやり直したと伝えているので、説一切有部では、先述の一連の遺体処置手続のうち、在家者は起塔にしか関われなかったと結論づける。これは大竹の研究の一例だが、全体としては、（一）出家者が出家者の葬式を行うこと、（二）在家者が出家者の葬式を行うこと、（三）出家者が在家者の葬式を行うこと、（四）在家者が出家者に布施を与えて引導させて在家者の葬式をおこなうこと、の四点から葬儀を考察する。

（一）はインドにおける土着習俗に基づいて行われ、これは中国も日本も同じであるという。
（二）はインドにおける聖者崇拝に基づくことを論証する。葬式の対象となる出家者は阿羅漢（聖者）に限られており、インドでは聖者の葬式を行うことは福徳を積むことになると考えられていたからだという。中国ではインドの影響なしに（二）が行われたが（ただし出家者とともに行われる）、日本では在家者が出家者（聖者）の葬式をすることがなかった。その理由は、聖者と目される出家者が日本には現れなかったからではないかと大竹は推測する。
（三）も葬式の対象となる在家者は阿羅漢（聖者）に限られ、その背景は（二）と同じ聖者崇拝に基づく。しかし、時の経過とともに、聖者でない在家者の葬式を出家者が行うようになり、中国でもインドの影響はなく、出家者が聖者でない一般の在家者の葬式を行うようになっている。日本も同様に、中国からの影響がないまま、出家者は在家者の葬式を行うようになったという。
さて、今日の日本の葬式を考える上で重要なのは（四）だ。出家者は葬式を通じて死者を引導できるのか。これは「回向《えこう》」の問題と置き換えてもよい。大竹によれば、インド仏教にこのような考え方はないという。インドでは、葬式にかぎらず、在家者が出家者に布施を与えて家庭行事を行うことは頻繁に行われていたが、その場合、出家者は返礼として布施をした在家者に報酬（祝福）を差し向けるだけであり、死者を引導することはない。この考え方は、現在の南方系の上座部においても継承されているという。

しかし中国仏教になると、少し事情が異なってくる。北宋の末頃から禅宗が拡大するにつれ、在家者が禅宗の出家者に布施を与えて葬式を行うようになる。禅宗の出家者は死者に法語を与えて道理に気づかせ、死者を転生すべき善趣、あるいは涅槃へ手引きするようになる。これは「引導《いんどう》」とは呼ばれていないが、実質上「引導」である。その背景には、禅宗の出家者は悟りの体験によって何か聖者の力を有していると目されていたことがあるという。

そして日本では平安時代から、在家者が出家者に布施を与えて在家者の葬式を行うことが常態化した。インド・南方アジア・中国では、出家者は布施の果報を在家者に報酬（祝福）として回向していたが、日本ではその在家者の布施の果報を死者に回向するようになったという。そして鎌倉時代になると、禅宗の出家者が葬式において死者に法話を与えることが、そのまま死者を引導することと考えられるようになった。それは悟りの体験に立脚し、聖者崇拝を背景として行われたことを忘れてはならない。

●日本における葬送儀礼の歴史

ではもう少し、長澤［2016］に基づき、日本における葬送儀礼の歴史をまとめておく。

人類史における埋葬の始まりは旧石器時代に遡るが、日本における葬送・埋葬の歴史も古く、当然のことながら仏教が伝わる以前から行われていた。つまり現在の日本の葬送儀礼は日本古来の先祖観に基づく葬送儀礼と、六世紀以降に大陸から伝わった仏教の葬送儀礼が混淆して成立している。そこでまず、民俗学を手がかりに、日本古来の先祖観に基づく葬送や埋葬を見ていこう。

柳田国男によれば「日本の神の本質は先祖」であり、日本の先祖は神との境界がない存在で、先祖神ともいうべき存在に昇華される。先祖と子孫との関係で言えば、先祖崇拝・先祖祭祀の基礎には「先祖は単なる追憶の対象ではなく、現実に生きている子孫に影響力を持っており、子孫にとって先祖をまつる行為が、現実の生活に深く関わっているという信仰が存在する」と推測される。

このような先祖観において葬儀はどのような意味を持つのかというと、故人は死とともに先祖の一員となり、葬送儀礼を経て先祖としての位置を確立することになる。葬送儀礼には、死の穢れ（死穢《しえ》）という観念が存在し、それを早くなくそうとする儀礼も含むので、それは単なる先祖崇拝ではなく、穢れた恐ろしい死霊に対する儀礼でもある。このような観念に基づけば、「死者を祀る」とは「霊魂を祀る」ことであるから、遺体や遺骨は必ずしも必要ではなかった。

そして日本人の先祖祭祀は、特定の先祖に対して行われるのではなく、集合した先祖に対して行われる。ある一定の期間（たとえば三三年）が過ぎれば、個人の名前は消え、その家の代々の死者の霊に融合した安定の状態になる。これを柳田は「祖霊の融合単一化」と呼んだ。こうして個別に家々で祀るべき者が次第に統合されて氏神や鎮守などの地域の神となっていく。

このような先祖観と、それに基づく葬送儀礼に、外来宗教の仏教が融合していく。先祖を祀る年中行事は盆と彼岸だが、特に盆は精霊棚を飾って、位牌と供物を並べる。仏教側はこれを『盂蘭盆経《うらぼんぎょう》』に基づいて正当化するが、これが日本古来の先祖観に基づいていることは否定できない。年忌法要も、仏教本来の考え方にはない。日本では三三年を一区切りとする考え方が一般的だが、これも「死者は三三年が経過すれば氏神になる」という神道の考え方に基づく。仏教の「恩」の思想も容易に先祖崇拝と結びつく。こうして、日本仏教は日本古来の先祖観とうまく手を結びながら、日本の大地に根を張った。

そして、仏教が庶民の葬送儀礼と結びついた直接の要因は、江戸時代の寺請制度だ。葬儀を寺院に依頼する形式が定着するのは一七世紀半ば頃であり、幕府による伴天連追放令の布達がきっかけとなったことはすでに説明した。ここで初めて、日本人と寺と葬儀がすべて結びつくことになる。

●インド仏教：ブッダの名前

次に葬儀と深い関わりのある戒名（法名）の問題を取り上げよう。これも日本仏教において、しばしば槍玉に上がる事例だ。戒名料の高さもさることながら、戒名が必要なのかという「そもそも論」も囁かれているので、本書でも独自の視点からこの問題を考えてみたい。

先ずはその歴史的正統性を考えてみなければならない。戒名の伝統が古代インド仏教の時代に遡るのであれば、戒名料の高さは一旦保留するとしても、その正統性は担保されよう。鈴木［2013］は仏典の記述に基づき、僧侶の立場から教証によって戒名正当論を展開する。その根拠を検証してみよう。まず鈴木はブッダ自身のケースを考察する。

ブッダは覚りを開く前、五人の修行者とともに苦行を実践したが、苦行もその道にあらずとブッダは苦行を放棄し、村娘から乳粥《にゅうしゅく》を受け取って飲んだ。それを見た五人はブッダが奢侈《しゃし》に堕したと考え、彼のもとを去った。その後ブッダは覚りを開き、最初の説法の相手として五人の修行者を選び、彼らのもとに近づいた。しかし、彼らはブッダが堕落したと考えていたので、最初は無視を決め込んだが、威光に気圧され、恭しく彼を迎えた。そのとき、彼らはブッダのことを「ゴータマよ」という名前や「同輩よ」と呼びかけたので、ブッダは彼らに次のように告げた。以下は鈴木の和訳を挙げる。

「修行者たちよ。如来（私）に対して〔仏に成る以前の〕名前で呼びかけたり、同輩よ、と呼びかけたりしてはならない。〔私は〕尊敬されるべき者、如来、仏なのである」

この初期経典の記述を手がかりに、鈴木は「仏に成ると名前が変わる。仏を俗名で呼ぶことは禁じられている」と結論づける。ではこの解釈が妥当かどうかを検証してみよう。先ず注意すべき点は、傍線部の〔 〕内の補訳である。これはあくまで戒名正当論を展開しようとする鈴木の解釈に基づくことを確認して次に進む。

ここでブッダは自分が「阿羅漢／如来／正等覚者《しょうとうがくしゃ》（＝仏）」であることを明言し、そのような呼称で呼ぶことを求めている。このうち「阿羅漢」は仏弟子にも使われるが、「如来／正等覚者（＝仏）」の扱いには注意が必要だ。というのも、最初期の段階でこれらの呼称は複数形で使われており、覚りを完成させた修行者一般を指し示す普通名詞だったが（並川［2005］）、教団の組織化とともに固有名詞化していき、これらはブッダに限定された呼称へと変容していったからである。

それを端的に示す用例を紹介しよう。ブッダに敵対したことで有名なデーヴァダッタはビンビサーラ王の息子であるアジャータシャトルを唆し、ブッダの殺害を試みたことは有名だ。その際、デーヴァダッタはアジャータシャトルに「お前は父を殺して王になれ。私は世尊を殺して仏となろう」と教唆する。アジャータシャトルが「父王のビンビサーラを殺して王になる」は自然だが、デーヴァダッタが「ブッダを殺して仏になる」とは、どういうことか。「真理を覚って仏になる」というのが本来である。つまり、ここでの「仏」は宗教的属性ではなく、仏教教団の教祖という〝役職名（たとえば「学長／社長」など）〟として機能していることがわかる（平岡［2015］）。

仏教史のどの段階かは確定できないが、教団の組織化にともない、「如来／仏」は宗教的属性に加え、仏教教団の教祖という意味でも使われるようになる。これを踏まえて先程の用例を見ると、また違った解釈が可能になる。上記の用例はもうすでに「如来／仏」という呼称が固有名詞化した時代の産物であるから、ここでの「如来／仏」は「聖と俗」の対応関係に基づく「私を俗名で呼ぶな（＝聖なる名前で呼べ）」という意味ではなく、「私を役職名で呼べ」と要求している。

たとえば「平岡さん」と私に呼びかけた相手に対し、「学長（私）のことを名前で呼んではならない（＝私を学長と呼べ）」と注意するのに等しい（これはあくまで喩えであり、私はこんなに高圧的ではありません。念のため）。無論、ブッダ自身がこのように要求したのではなく、後世の仏弟子たちが経典を編纂する際、教団の組織化を踏まえて上記のような記述を創作したことと推察される。とすれば、鈴木の「仏に成る以前の」という補訳も牽強付会《けんきょうふかい》の感は否めない。

ブッダ以外にも、鈴木の言うように、出家して聖者になると名前が変わるというのなら、十大弟子を初めとする仏弟子の名前はすべて出家して聖者になった時点で変わっていなければならないが、そうはなっていない。

●戒名の正統性

戒名についても大竹［2023］は精緻な分析をしているので、それを参考にする。大竹は厳密を期して、（一）出家者が生者に戒を授ける時に名を与えること、（二）出家者が亡者に戒を授ける時に名を与えること、の二つに区別して戒名の考察を進める。では（一）から見ていこう。

インドにおいては、出家者が生者に戒を授けることはあるが、そのときに名前を与えることはない。アージュニャータ・カウンディンニャ（〔真理を〕了知したカウンディンニャ）のように、新たに渾名《あだな》で呼ばれることはあったが、それは授戒とは関係ない。時代が下ると、諸部派や大乗経を支持する諸学派において、出家者が仏教的な意味あいの名を設けて改名するようになったようだが、それは戒を授けられるときに名を与えられるわけではなかった。この伝統は現在の南方上座部にも継承されているが、授戒とは無関係である。

出家者が生者に戒を授けるときに名を与えることは、中国で考え出された。偽経である『梵網経』は出家者と在家者とに共通する菩薩戒を説くが、南北朝時代の南朝では同経に基づき、出家者が在家者に菩薩戒を授けるときに菩薩名を与えることが考えられるようになったという。これは土着習俗を背景として考え出された。というのも、中国では在家者が成人するときに諱（本名）のほかに字（通称）を与えることがあったからである。これは宗教的な新生の象徴と理解できよう。ただし唐以降、この習慣はほとんど姿を消したようである。

日本でも同様の習慣は平安時代以降、姿を消したが、室町時代になると復活する。曹洞宗の瑩山紹瑾《けいざんじょうきん》の門流が盛んに出家者に『梵網経』の菩薩戒を授け、それが在家者にも及ぶようになると、授戒時に菩薩名を与えるようになった。現存文献上、遅くとも一五世紀後半には在家者向けの授戒会が開かれ、出家者が在家者に『梵網経』の菩薩戒を授ける際に名前を与えていた。これが他宗にも影響し、今日に至るという。

つづいて（二）を見ていこう。この伝統はインドにはなく、タイやチベットでは亡者に戒を授けることはあっても、その際に名を与えることはなかった。亡者に戒を授けることは、「中有《ちゅうう》」が関与している。中有とは、亡者は死後、直ちに次生に転生するのではなく、四九日間はこの世の存在でもなく次の世の存在でもない中間的な存在として漂い続けるという考えである。よって中有を認めるチベットでは、その間に出家者が亡者に灌頂《かんじょう》を授けたり、戒を授けたりすることがある。しかし、名を与えることはない。

出家者が亡者に戒を授けるときに名を与えることは日本で考え出された。平安時代、皇族・貴族の間では臨終に際して出家する「臨終出家」が考え出され、そこで出家者は在家者に戒を授けると同時に出家者名を与えた。同じ平安時代には、皇族・貴族の間で、急死した在家者に戒を授け出家者とならせる「死後出家」も考え出され、その際には授戒と同時に出家名が与えられた。これが現在の日本で行われる戒名の起源となっている。要するに、亡者が出家者となったことを確実にするため、名前が変更されたのである。

ただしこの名前は「法諱《ほうい》／法名《ほうみょう》／法号《ほうごう》」と呼ばれ、「戒名」という言葉が使われるようになったのは江戸時代だという。遅くとも江戸時代の初頭、亡者に戒を授けることと名

（戒名）を与えることとが同時であったと確認されている。

●授記思想は戒名の起源となりうるか

戒名をインド仏教以来の正統な伝統と位置づけたい鈴木［2013］は、阿弥陀仏の名前が変わったことを戒名の根拠とする。『無量寿経《むりょうじゅきょう》』を見ると、念仏で帰依の対象となる「阿弥陀仏」の菩薩時代の名前は「法蔵《ほうぞう》」であった。法蔵菩薩は世自在王仏《せじざいおうぶつ》の前で誓願を立て、その誓願の実現に向けて兆載永劫《ちょうさいようごう》の修行を重ねた結果、阿弥陀仏となった。これを以て鈴木は「仏に成ると名前が変わる」と主張する。では次に、この点を考えてみよう。

戒名の起源については諸説あるが、その中でもインドに起源を求める説として「授記《じゅき》」がある。たとえば戸田［1981］も授記を戒名の起源とみる。授記とは仏が仏弟子あるいは仏教信者の所行をみて、彼（女）の「将来の行く末の預言（記別）を授ける」というものである。その中に成仏の授記も含まれるが、その端緒が燃灯仏授記《ねんとうぶつじゅき》の物語だ。

ブッダの神格化に伴い、ブッダの覚りも神格化され、今生の六年の修行だけで覚りが成就したのではないと考えられるようになった。インドには輪廻思想があったので、ブッダも輪廻しながら生死を繰り返し、ずっと修行を続けてきたと仏教徒は考え、こうしてブッダの過去物語が多数、創作された。これを「ジャータカ」という。あるときは兎に生まれ変わり、自らの肉体を行者に布施したり、またあるときはバラモンに生まれ変わり、飢えた牝虎に自らの肉体を餌として布施したりしたという。

こうして五〇〇を超えるジャータカが創作されたが、いったいブッダの修行はいつ始まったのかという起源が問題になった。これに答えるために創作されたのが、燃灯仏授記の物語だ。パーリ伝承では、ブッダの本生《ほんじょう》スメーダが将来、成仏を決意して泥の上に自らの髪を布き、燃灯仏を渡そうとし、また成仏の誓願を立てたので、それを見た燃灯仏はスメーダが将来「ゴータマと言う名の仏に成るだろう」と成仏の予言をしたという。このように、名前は「スメーダ」から「ゴータマ」に変わっている（鈴木はこの用例には言及していない）。

このほかにも、『法華経』を見れば、いったん覚りを開いたかにみえるシャーリプトラなどの十大弟子も、ブッダによって新たに開示された真実の教えである『法華経』に目を開いたことで、ブッダから成仏の授記を授かるが、名前はすべて変わっている（平岡

[2012]）。よって、授記思想を戒名の起源と考えることも可能である。燃灯仏授記における燃灯仏とスメーダの関係は、『無量寿経』における法蔵菩薩と世自在王仏の関係に置換可能なので（平岡［2015］）、これも一種の授記思想を前提とした名前の変更と見ることができよう。

この授記思想の名前の変更については、生きる時代が異なるための名前の変更であり、「聖と俗」の対応関係に基づく「聖なる名前」ではない。なぜか。授記を前提としない場合には、菩薩が仏に成っても名前の変更がない場合があるからだ。たとえば、未来仏で有名な弥勒菩薩は仏になっても「弥勒仏」と名前は変わらない。さらに、阿弥陀仏の西方極楽浄土とは対極にある東方に妙喜《みょうき》浄土を構える阿閦《あしゅく》仏の菩薩時代の名前は「阿閦」であり、ここでも名前に変化はない。このような例外が仏典に確認されるので、少なくともインド仏教の段階では戒名が正統であるとは言えなくなる。

最後にもう一つ、初期経典の用例を検討しておこう。インド原典に対応箇所は確認できないが、漢訳『増一阿含経《ぞういちあごんきょう》』には「ガンガーやヤムナーといったさまざまな川も、ひとたび大海に入れば、前の名前を捨てて、ただ大海とのみ号するように、クシャトリア・バラモン・ヴァイシャ・シュードラの四姓も、ひとたび出家すれば、前の名前を捨てて、ただ沙門釈子《しゃもんしゃくし》とのみ号する」とある。理念的には理解できるが、仏典において実際に出家した者が「沙門釈子」とのみ称されるような用例は確認できない。

鈴木［2013］は、葬式も戒名もインド仏教に根拠を持つ正統性があると主張するが、大竹による最新の研究では、残念ながら葬式も戒名も歴史的正統性のあるものとは認められない。従来はそこまで見据えて葬式や戒名に批判的であったわけではないが、結果として葬式も戒名もその正統性は揺らぐことになり、この事実を知った現代人は「それ見たことか」と批判を強める可能性もある。では、歴史的正統性のない葬式と戒名をどう位置づけるべきか。これについては第七章で私見を示す。

第四章　組織の改革――開かれた組織へ

以上で日本仏教の課題およびその原因が明らかになったので、ここからはその課題を克服するために何が必要かを考えてみたい。そのためには、何をおいてもまず教団（僧団）およびその構成員である出家者が変わらなければならない。したがって、本章以降は教団および出家者の改善に向けての方策を考えてみよう。まず本章では、教団（僧団）という組織自体のあり方を問題にする。

●新たな僧団の組織運営

何事においても、改革を実質的に進めるには、構成員の内的な改革と、それを取り巻く組織という外的な改変の、両面からの働きかけが必要になる。日本仏教の改革も、出家者個人の内的な資質向上と、教団の組織運営という外側からの改革の相乗効果が必要になる。ここでは教団運営の改革を考えてみよう。

時代は急速に変化している。近年は特に加速度がついて変化しているように思う。それに加え、コロナ禍によってさらに変化の度合いは激しくなった。そのような変化の中で、特に注目すべきは家族制度の崩壊と、地域間格差による地方の消滅であろう。両者は関連しながら負のスパイラルを描く。

かつては家族三代が同じ屋根の下で暮らし、家族のルールは祖父母世代から親世代に、そして親世代から子世代へと口伝で継承されていたが、子世代は大学に進学すると同時に都会に出、地方には仕事がないために都会で就職する。こうして地方の過疎化は進み、あわせて世代間の断絶が始まる。これが進むと、葬儀や法事にかんする引き継ぎ事項は断絶し、寺との関係にも変化が生じ、寺との関係は徐々に疎遠になっていく。挙げ句の果ては、子供世代が離檀して都会の寺の檀家となり、墓を都会に移動する。

こうなると、寺院も地方から消滅していき、最終的には都会の大寺院のみが生き残ることになるだろう。寺の経済は檀家数によって大きく左右されるので、檀家の少ない地方の寺は窮地に追いやられ、檀家の多い都市部の寺はますます潤うようになる。檀家の多寡、すなわち収入は出家者の努力とは無関係であるから、寺院の経済格差も偶然の産物ということになる。まったく不合理な現状であり、不公平感は半端ない。ではこれを打破するにはどうすればよいか。時間はかかるし、現実的ではないが、私見を示そう。

律蔵の復興にも関連するが、出家者は妻帯を止めるべきである。そうすれば家族を養う必要がないので、金銭的負担はかなり軽くなる。そして葬式などの収入は宗派が一括管理し、宗派の共有財産とする。また宗派は僧侶の任命権を持ち、誰をどこの寺に配属するかを決定できる。出家者はどこに派遣されても収入は同じなので、文句は出ない。家族を持つ場合でも、一定の支給額を定め、その経済規模に耐えうる者、そして何より親鸞と同じような覚悟を持つ者には妻帯を許可してもいいだろう。

教団という組織を運営し、また出家者の最低限の生活を保障するには財源が必要だが、その財源確保は葬式や法事のみに頼るのではなく、さまざまな教化活動を通じて布施を募る。霊感商法は問題外だが、真に在家者の魂を揺さぶるような教化活動ができれば、強要せずとも布施は自ずと集まってくるだろう。またこれにより、出家者の教化能力も向上するはずだ。これについては、キリスト教やほかの仏教国でどのように経済基盤を確保しているかを学ぶ必要がある。これらを参考にし、新たな時代の日本仏教にふさわしい資金の獲得法を考えるべきではないか。

これに関連し、布施も本来の姿に戻すべきだ。つまりその額にかんしては、在家者の志に全面に依存するということだ。布施の基本は「気持ちよく差し出せる最高額」であるべきであり、葬式の〝相場〟とか戒名〝料〟という言葉自体が布施の非本来性を如実に表している。施す側からすれば、「大体の目安」を知りたいのは理解できるが、これを徹底すべきである。世間体など、気にする必要はない。

布施の共有財産化に対しては、都会の大寺院の反対が容易に想像できるが、ここをクリアしないと、日本仏教に未来はないだろう。この私の提案に従わない場合、大寺院は宗派から独立し、単立化することになると予想される。

●政治との距離の取り方

インドのように、政治と宗教をともに相対化する「ダルマ」のような概念がなかったため、日本の仏教は基本的に政治の影響力のもとにあり、政治に利用され、政治に翻弄されてきたのは、第一章で見たとおりである。現在、日本のみならず、世界は法治国家であり、政治といえども法の下に位置づけられるので、その法を司る政治の影響力をまったく排して宗教は存在しえない。とすれば、問題は政治との距離の取り方、あるいは関係性だ。

では、ダルマなき法治国家の日本において仏教にできることは何かを考えてみよう。一つは政治（世俗）の対立軸（聖）になるということだ。言葉を換えて言えば、世俗とは異なる価値観（聖）を提供するということである。私はこの世で生きていくために、二本の異なった物差しが必要であると考えている。一つは世俗の倫理的物差しだ。悪業を重ねる犯罪者が跋扈するような社会では、安心して暮らしていけない。だから世俗倫理に基づく法律およびその法律を抑止力とする社会の安定は必要不可欠である。

しかし、その一方で世俗的な法律だけでは人間は幸せにならない。まさに世間は娑婆（忍土）であり、不条理なことも頻繁に起こるし、その理由を人間の浅はかな知識で理解することは不可能である。ここに宗教というもう一つの物差しが必要になる。世俗的倫理の網からこぼれ落ちる人々を救う最底辺のセーフティネットが宗教だ。ここに宗教の存在価値がある。世俗や政治に迎合するようでは宗教に存在価値はない。

またこれに関連して、宗教は政治（世俗）に対して建設的批判者の役目を担うことも重要だ。政治と宗教の方向性が重なる場合もあるが、異なることも多々ある。そのような場合、世俗の価値観を相対化し、その価値観が絶対ではないことを示すために、宗教的見地から、政治とは異なる価値観を提供し、間接的であれ世論を味方につけて、今後の政策決定に影響を与えるようになるべきであろう。

建設的かつ説得力のある価値観を提供できれば、宗教に対する世間の認識も変わってくるだろう。そのためには、自宗の教学を常に現代の諸問題と対峙させ、それらにどう答えうるか、教学を鍛えておく必要がある。

●アジールとしての寺院

もう一つ、政治と宗教の関係で、宗教の存在意義を考えるとすれば、アジールにも注目してよいだろう。すでに第一章で見たように、日本仏教は常に政治の傘下にあったが、その中でも中世には寺院がアジールとして機能し、政治の影響を受けない場合があった。

「犯罪者を匿う」というわけではないが、世俗とは異なった異空間（聖域）として寺院を機能させることも重要なのではないだろうか。つまり、世俗の価値観からはみ出る人々に「安らぎ（癒し）」を与える場になるということである。

髙野［2014］を参考に、具体的な事例で考えてみよう。髙野は日本に住むタイ人女性にインタビューをし、「日本で困ったことは何ですか？」と聞くと、ある女性は面白い話をしてくれたという。

来日してまだ間もない頃、彼女は自分の住む町で道に迷ってしまった。言葉も通じないし、日も暮れてくる。不安に駆られた彼女は近くにお寺を見つけ、その境内に入って軒先にしゃがんでいたという。すると、その寺の住職が警察に通報したため、彼女はパトカーに乗せられて警察署に連行されてしまった。彼女曰く、「タイでは誰でも、いつでも、困ったことがあればお寺に行きます。なのに、日本では、私が困ってお寺に行ったら、警察を呼んで捕まえたんです」。

今ではすっかり日本語が堪能な彼女も、そのときの体験を思い出すと憤懣やるかたないという風だったという。つまり日本の寺は単なる私有地であり、許可なく入れば「住居侵入罪」に問われる可能性があるが、タイの寺は完全に開かれた空間であると髙野は結んでいる。

　これを読んで、私は実家の寺で暮らしているときのことを思い出した（恐らく中学生頃だったかと思う）。駅の近くに寺があったこともあり、ときどき怖そうな男性が寺を訪れ、「今、刑務所から出てきたばかりなので、お金がない（あるいは腹が減っている）。金を貸してほしい（食べ物をくれ）」と言ってきた。対応した母は五百円か千円程度の現金（あるいは食べ物）を渡し、おとなしく引き取ってもらった。

　陰で見ていた私は少し恐ろしかったが、母は動じることなく対応していた。男性が帰った後は、必ず警察に通報し情報を提供していたが、それは警察からの要望でもあった。今までそれを不思議に思ったことはなかったが、あらためてアジールという視点から寺を見直したとき、やはりこれは再考すべき問題なのではないかと思うようになった。そういう人にこそ「まあちょっと、お上がり。話を聞かせてほしい」というべきではなかったか。

　ここにも家族を持ち財産を有する寺院の問題がある。寺院が私有地となり、家族や財産という「護るべきもの」があれば、「警察に通報」となってしまう。家族や財産がなければ、そのような人の話にこそじっくりと耳を傾け、仏教と結縁すべく働きかけることができるが、家族や財産を有する私有地としての寺院で、それを実践することは難しい。しかし、現状でもできる「アジール的機能」とは何かを考えることも重要だろう。

●公共空間としての寺院

アジールは治外法権的な意味合いであり、どちらかと言えば政治や世俗の価値観を阻止する機能を果たしていた。しかし寺院の機能はこれだけではない。アジールとは逆に、寺院は開かれた〝公共の空間〟として機能していた。日本仏教史の中だけでも参考になる事例は数多くあるので、それを確認してみよう。

インド以来、寺院が研究の場所であることは言を俟たないが、それとセットになる教育の場としても機能していた。日本最古の大学とも考えられている綜芸種智院《しゅげいしゅちいん》から見ていこう。空海は日本初の庶民の学校である綜芸種智院を八二八年に開設した。これは、(一)誰もが自由に学びたいものを学べる、(二)専門外のことを幅広く学び、視野の広い人物を養成する、(三)貧しい者や身分の低い者も学べるように完全給費制とする、という三つの特色を持つ。

教育の機会均等や学問の自由、総合教育、そして奨学制度（授業料免除）という特徴は、現代でも充分通用する。空海は学校経営に必要な四つの条件として、善き処（教育環境）・善き法（教育内容）・善き師（教育者）・衣食の資（教師と学生の生活保障）をあげている（加藤［2012］）。また、これほど大規模でなくとも、各寺院は「寺子屋」として庶民の教育に大きな貢献をしてきた。

つぎに、史実かどうかはともかく、聖徳太子は四天王寺に、敬田院《きょうでんいん》（仏法修行の道場）、施薬院《せやくいん》（病者の薬を処方する施設）、療病院《りょうびょういん》（病者を治療する施設）、悲田院《ひでんいん》（病者や孤児の収容施設）という施設を作ったと言われている。

特に忍性《にんしょう》が生涯の拠点とした鎌倉の極楽寺に移住してからは、悲田院において病者や孤児に食を与えるなど、忍性の慈善救済活動には一層の拍車がかかり、極楽寺は都市鎌倉における慈善救済センターの観を呈していた。「極楽寺伽藍古図《ごくらくじがらんこず》」を見ると、伽藍の周囲に「療病院・ライ宿・薬湯室・無常院・施薬悲田院・病宿・坂下馬病室」などの施設が描かれている。このうち、坂下馬病室は馬を救う病院だが、ここには人間はもとより牛馬にも利他を実践する忍性の利他の理念がよく現れている。忍性はこの時代に動物病院まで作っていたのだ。

また、忍性は長谷寺近くの桑谷に桑谷療病所を開き、病者を集めては忍性自ら問診し、二〇年間に治癒した者は四万六八〇〇人、死者は一万四五〇人であるから、五人に四人は治癒した計算になる。まさに当時の寺院は病院・薬局・福祉施設としても機能していたことになる。

次に文化面にも注目してみよう。インド以来、仏教は独自の美術や芸能を発達させてきた。禅宗はその精神性から武道・茶道・俳句、また浄土系の仏教では、節談説教《ふしだんせっきょう》・落語・詠唱《えいしょう》などに大きな貢献を果たしてきた。絵解きや舞踊も忘れてはならない。このように、寺院はいわば当時の文化発信基地でもあったのである。

このように、日本仏教に限っても、政治に翻弄されてきたとはいえ、寺院は多様な機能を果たしてきたのであり、まさに開かれた公共空間として、コミュニティの中心に位置づけられていた。寺院の本務は人々を覚りに導くことにあるから、病者の治療や庶民の娯楽自体が目的ではなく、あくまで覚りに導く手段として、このような機能を果たしてきたのである。

現代風に言うなら、寺院は「ウェルビーイング」に資する施設であった。ウェルビーイングとは一般に「幸福／健康」と訳されるが、世界保健機構（ＷＨＯ）憲章の前文によれば、「健康とは、病気ではないとか、弱っていないということではなく、肉体的にも、精神的にも、そして社会的にも、すべてが満たされた状態にあることをいう」とあるように、総合的な意味での「幸福／健康」を意味する。

これと比較したとき、現代の寺院はどうであろうか。多くの寺院は「開かれた公共空間」ではなく、「閉ざされた私的空間」になり下がってしまった。私の知り合いの先生は「寺院に壁があるのはけしからん！　壁を取り払え！」と言われていた。さすがに壁は取り払えないだろうが、門くらいは開けるべきであろう。残念ながら、門すら閉じている寺院もあるが、まさにコミュニケーションを拒絶しているように見える。妻帯して家庭を持つ現在の寺院の限界か。

現代社会ではコミュニティが崩壊しつつある。そのような中で、寺院はどのような役割を果たせるのか。今のところ私自身に確たるアイデアはないが、コンビニより多いと言われている寺院が力を合わせ協力して何かを実践すれば、いままでにはない新たなコミュニティが創造されるものと信じたい。

●絢爛豪華な色衣は必要か

ある目的を達成するために組織ができあがると、今度はその組織の維持が第一の目的となり、残念ながら本来の目的が忘れ去られることがよくある。また組織は一般にヒエラルキー構造をするので、その組織の上に行くほど役職は少なくなるのが常である。こうして、さまざまな階級が用意され、頂点を目指して〝政治〟が始まる。また、視覚化できない〝役職〟という階級は〝衣の色〟で可視化されることになる。浄土宗で言えば、下から「萌葱《もえぎ》（明るい緑）→紫→緋《ひ》（紅）」という順になるが、階級と色は宗派によって違う。以下、松村［2006］を参考に、僧侶の衣について整理してみよう。

本来、インドにおいて出家者が着ける衣は「糞掃衣《ふんぞうえ》」という粗末な素材であったが、仏教が中国や日本という気候風土の異なる地域に伝播すると、その様相も様変わりする。中国では官職制度が社会機構の根幹となり、四世紀末に僧侶に官職が設けられ、僧官が僧尼を統括管理するようになった結果、僧階の中に等級が形成された。これにより、中国では官職によって衣服の色を分けていたのが僧服にも取り入れられ、僧階に応じて僧侶の袈裟《けさ》が色分けされるようになった。日本仏教も基本的にこの制度を踏襲するので、僧階に応じて衣の色が決まるようになっている。

衣服は体を保護するという「実用的機能」と、自己主張としての社会的・文化的欲求を満たす「象徴的機能」の二つがあるとされるが、衣の色はまさに後者の「象徴的機能」を果たし、衣の色が僧階を象徴する。では本来、僧侶が身につける衣とは何であったかをインド仏教に遡って見てみよう。

古代インド仏教の出家者が身につけた衣はさきほど見たように「糞掃衣（pāṃsukūla）」と呼ばれる。原語に遡ると、その意味は「糞を拭った穢物に等しい衣／汚物の集積のごとき衣／汚物のごとく嫌悪されるべき衣／塵の中から集めて作った衣」である。要するに、塵芥に塗れた裂や汚染された裂、人が不要になり捨てた裂などを清潔に洗い、使えそうな部分を切り取り、縫い合わせて一枚の袈裟に仕立てたものが糞掃衣である。

さて、その袈裟とは kaṣāya の音写であり、「赤褐色」を意味するので、袈裟は「壊色《えじき》」に染めなければならないと律文献で規定されている。「壊色」とは正色（赤・青・黒・白・黄）ではない「くすんだ汚い色」を意味する。つまり、出家者が身に纏う衣は、世俗を離れ、執着を超え、悟りを目指すことを象徴しており、糞掃衣を着ることは修行の一環なのである。

さらに言えば、袈裟は何枚かの裂を縫い合わせて作ってあるが、これはブッダが田圃を通りかかったとき、田圃が畦道によって整然と区画されているのを見て、侍者アーナンダに「袈裟の形をあのように作れ」と命じたことに起因する。これは「布としての価値をなくす／人間の執着を断つ」とも、また「出家者が福田であることを象徴している」とも理解できる。福田とは、そこに種を蒔けば収穫が得られるように、出家者に布施すれば、大きな功徳があることを意味する。だから袈裟は「福田衣《ふくでんね》」とも呼ばれる。

松村は松濤［1991］に基づき、糞掃衣の衣材は死体遺棄場で死者が身に着けていた衣や女性の月経で汚れた衣など、極めて「呪力が強いもの」であり、当時の出家者はあえて人々が忌み嫌う衣材を用いていたことに言及する。糞掃衣の着用は呪力を中和できる聖性が自分にはあることを意味しており、自分が聖性を有する聖者であることを逆説的に示しているのである。

このように、インドでは執着を断つための粗末な衣が、日本では世俗的な教団の階級と一体化し、執着の対象になっている。インドの出家者の内なる聖性と外なる俗性は、日本の出家者の外なる聖性と内なる俗性と好対照をなす。穿った見方をすれば、内なる俗っぽさを覆い隠すために、日本の出家者は華美で豪華な衣を纏っているのではないかと言われても仕方あるまい。この逆説に早く気づくべきだ。

しかし、私は復古的に「何でも本国インドの真似をすればよい」と考えているわけではない。日本には日本の文化と気候に根ざした衣が必要であるが、「執着を断つ」というブッダの精神だけは継承すべきであり、その意味では黒衣で充分ではないか。墨染めの衣を纏って活躍した自宗の祖師たちを尊崇するなら、服装も真似るべきであろう。組織の運営上、役職の設定は止むをえないにしても、それと衣の色を結びつける必然性はない。再考の余地があると思うのは私だけか。

●麻三斤

衣について、同じことを別角度、すなわち禅問答から考えてみよう。『無門関』にはつぎのような問答がある。

郵便はがき

料金受取人払郵便

神田局
承認

1124

差出有効期間
2025年9月30
日まで
（切手不要）

101-8791

535

千代田区外神田
二丁目十八－六

春秋社

愛読者カード係

*お送りいただいた個人情報は、書籍の発送および小社のマーケティングに利用させていただきます。

(フリガナ) お名前	歳	ご職業
ご住所 〒		
E-mail 小社より、新刊／重版情報、「web 春秋 はるとあき」更新のお知らせ、イベント情報などをメールマガジンにてお届けいたします。	電話	

※**新規注文書**（本を新たに注文する場合のみご記入下さい。）

ご注文方法 □**書店で受け取り** □**直送(代金先払い)** 担当よりご連絡いたします。

書店名	地区	書名	

購読ありがとうございます。このカードは、小社の今後の出版企画および読者の皆様と
ご連絡に役立てたいと思いますので、ご記入の上お送り下さい。

名〉※必ずご記入下さい

●お買い上げ書店名(　　　地区　　　　　書店　)

本書に関するご感想、小社刊行物についてのご意見

※上記をホームページなどでご紹介させていただく場合があります。(諾・否)

●ご利用メディア	●本書を何でお知りになりましたか	●お買い求めになった動機
新聞 (　　　) SNS (　　　) その他 メディア名 (　　　)	1. 書店で見て 2. 新聞の広告で (1)朝日 (2)読売 (3)日経 (4)その他 3. 書評で (　　　紙・誌) 4. 人にすすめられて 5. その他	1. 著者のファン 2. テーマにひかれて 3. 装丁が良い 4. 帯の文章を読んで 5. その他 (　　　)

●内容	●定価	●装丁
□満足　□不満足	□安い　□高い	□良い　□悪い

●最近読んで面白かった本　(著者)　　　(出版社)

(書名)

春秋社　電話 03-3255-9611　FAX 03-3253-1384　振替 00180-6-24861
E-mail : info-shunjusha@shunjusha.co.jp

因みに僧問う、「如何なるか是れ仏」

山（洞山守初《とうざんしゅしょ》）云「麻三斤」

修行僧が「仏とは何ぞや」と訊くと、老師は「三斤の麻」と応えた。これだけでは何を意味しているのかは分からないので、小川〔2019〕によりながら解説しよう。

まずは「三斤の麻」が何を意味しているのか。小川はここで入矢〔2012〕の解釈を紹介する。入矢は「三斤の麻」の象徴的意味を考えるのではなく、あくまで当時の唐代の社会において「三斤の麻」が具体的に何を意味していたのか、またなぜ「麻」が「三斤」でなければならなかったのかを、膨大な歴史的文献の渉猟によって考証していく。

それによれば、「三斤」とは唐代の納税や交易の際の基本単位（基本ユニット）であるという。ではなぜ「三斤」かというと、それが服（衣）一着分に相当するからだ。つまり「三斤の麻」は出鱈目の数字ではなく、「衣一着分の麻」であることを意味する。ではなぜ「仏とは何ぞや？」の問いに「衣一着分の麻」と応えたのか。

「衲衣下事」という禅語がある。「衲衣《のうえ》」とは僧侶の衣、すなわち「法衣」を指す。誰が着ても衣は衣だと考えるが、そうではなく、禅では「それはただの布に過ぎない。仏道者としての内実を伴った僧がその中に収まって、はじめて衣は衣たりうる。衣を衣たらしめる求道者の本分、それを「衲衣下事」という」らしい。

「仏とは何ぞや」という問いに対する「三斤の麻（衣一着分の麻）」という応えには、「この一着分の麻を衣たらしめる、お前の求道者としての本分は何か」という〝問い返し〟が含まれている。

これは唐代という昔々の中国の話ではない。時空を超え、洞山禅師は現代の、そして未来の僧侶に問うている。「三斤の麻、さあどうする。汝はこれをいかにして衣たらしめるのか」と。麻という粗末な衣さえも満足に満たすことのできない者が、どうして絢爛豪華な色衣を満足させられるというのだろうか。

●新たな師弟養成過程の創出

つぎに、師弟養成について考えてみよう。どの宗派も後継者の養成には力を入れている。宗派の存亡に関わるからだ。しかし、現在の師弟養成の基本構造は、勉学と修行の二本立てではないだろうか。仏教の思想や宗祖の教えを学び、また宗祖が確立した修行を実践する。それはそれで大切であり否定はしないが、それだけでは不十分と言わざるを得ない。では何が欠けているのか。それは現実社会の認識、およびそこから涵養される利他心だ。日本仏教は基本的に大乗仏教の流れを汲むが、大乗の基本精神は「自利即利他《じりそくりた》（特に利他）」である。他者を幸せにすることが私の幸せであるという菩薩の精神のことだ。しかしながら、勉学と修行だけで利他の心は涵養できない。生の現場において生老病死の現実を目の当たりにすることが必須だが、はたしてこのような教育が師弟養成の課程に組み込まれているのかどうか。

人々が苦しんでいる現実の認識なしに、大乗仏教の出家者の活動はありえない。現在の日本仏教が人々のニーズに応えられていない要因は、このような動機づけの欠如に求めることもできるのではないか。高橋［2009］が「共苦《きょうく》（苦に寄り添うこと）」を強調する理由もここにある。病院・老人ホーム・被災地のボランティア・鑑別所・刑務所など、場所によっては入れない場所もあるだろうが、フィールドワーク的教育は必要だ。各宗派の師弟養成課程プログラムをすべて調査したわけではないが、このような教育の導入がまだなら、是非とも導入を考えてほしい。

大谷［2019］を見れば、現在の日本でさまざまな社会活動が実施されていることがわかる。そのいくつかを紹介しよう。

大谷は「仏教の社会活動」を「仏教者、仏教団体、寺院が仏教の教え・思想や信仰にもとづき、社会問題の解決や人々の生活の質の維持・向上を図る活動」と定義する。そして西村［2018］に基づき、公益法人と同じ意味での公益性は宗教法人には存在しないが、一般の不特定多数の人たちのニーズに応え、精神的なニーズを満たす役割を持ち、宗教活動を社会のニーズに合わせるという「チューニングの必要性」を指摘し、ここに宗教の公益性を見る。

そして最後に「伝統をもとに、常に仏教はアップデートされ、その活動はチューニングされ続ける必要がある」と結び、いくつかの顕著な活動を紹介しているが、そこに共通するのは「ともにある」という姿勢である。では他者に「開かれた」寺院（僧侶）として、他者と「ともにある」活動を簡単に紹介する。

松島靖朗《まつしませいろう》は貧困問題に対して「おてらおやつクラブ」という活動を展開している。お寺は十分すぎるお供え物をいただくことがあるが、それを無駄にしないために、支援団体と連携し、母子家庭や生活困窮者に「おすそわけ」を届けている。三助（自助・共助・公助）から漏れ落ちる立場のひとたちの受け皿になり、再び三助に戻す支援を、松島は「仏助」と呼ぶ。

これに類似した活動として、曽田俊弘の「おうみ米一升運動」がある。これもお寺に供えられる「仏供米《ぶっくまい》」の「お下がり」を、フードバンクなどのＮＰＯ・ボランティア団体に提供する活動である。この運動による被災地支援は滋賀と他地域との「困った時はお互い様」の関係作りでもあり、トランスローカルな活動であると曽田は言う。

池口龍法《いけぐちりゅうほう》はアイドルプロデュースを行っている。「お寺×アイドル」というユニークな活動であり、「てら＊パルムス」という浄土系アイドルが誕生した。賛否両論あったようだが、池口は自分のお寺を中心に経済圏・文化圏を構築したいという願いから起こした活動である。これにより、お寺には活気が戻り、お寺があらゆる人が関われる場になった。宗教臭さを保ちながらお寺を開き、見えないお寺から見えるお寺に変えることを目指している。

関正見《せきしょうけん》は自坊でサラナ親子教室を開き、お寺での子育て支援を展開している。三世帯同居が当たり前であった昔の子育ては、経験豊富な祖父母、そして地域住民も一緒になって行われたが、核家族化が進み、地域の共同体が崩壊しつつある現在、子育ては親に大きな負担を強いる。そこに着目し、子育ての場としてお寺を開放することで、お寺がサラナ(帰依処/安らぎの場所)に変わるのである。

大河内大博《おおこうちだいはく》は僧侶としてグリーフケアに取り組んでいる。キリスト教のホスピスに影響を受け、一九八五年にビハーラという活動が誕生した。大河内は「説く」仏教から「聴く」仏教へ転換することの重要性を説く。僧侶は「声にならない声/言葉に紡ぎ得ない嘆き」を聴けるかどうか、そしてその言葉を紡ぐ「場」の創造者であるかどうかが問われているという。亡き人との「出会い直し」の場としてお寺が機能しうるかどうかが問われている。

最後に秋田光彦《あきたこうげん》による應典院の取り組みを紹介しよう。ここは「葬式をしない寺」として有名である。大阪のミナミにあるという立地から、寺を若者に開放し、若者の演劇公演や美術展として利用されている。しかし、ただ場所を提供しているわけではない。秋田は演劇の練習に来る若者に法を説き、またそこに訪れた若者が應典院で新たな企画を実施し、それが宗派の違いを乗り越えて社会活動へと連帯していく。また應典院では、終活セミナーを実施したり、終活と社会貢献を結びつけたりする取組なども行っている。

これ以外にも独自の活動(取組)をしている寺はあるはずだ。各宗がそれを発掘し、その情報を共有し、そのような活動と師弟養成プログラムを組み合わせれば、今まではない人材が養成できるのではないか。

●外部団体との連携

個々の宗派による師弟養成では充分な人材が養成されないと判断されてか、本来ならば僧侶がやるべき仕事が他分野において資格化されているので、その一部を紹介しよう。ここで取り上げるのは、臨床宗教師・臨床仏教師・臨床スピリチュアルケア師の三つである。ではまず臨床宗教師から。

これは、一般社団法人日本臨床宗教師会が認定する資格であり、ホームページによれば、「臨床宗教師」とは、被災地や医療機関、福祉施設などの公共空間で心のケアを提供する宗教者であり、欧米のチャプレンに対応する日本語として考えられたという。布教や伝道が目的なのではなく、高度な倫理に支えられ、相手の価値観を尊重しながら、宗教者としての経験をいかして、苦悩や悲嘆を抱える人々に寄り添う。二〇一一年の東日本大震災を機に東北大学で養成が始まり、その後、龍谷大学などの大学機関もこれに取り組んでいる。その養成課程では、当然のことながら、講義に加えて医療福祉機関での実習が組み込まれている。

修了者のデータを見れば、仏教系の宗教者やキリスト教系の宗教者に加え、医療従事者の占める割合も大きくなっている。関係者に話を聞くと、病院などでのニーズは確実に増えており、この資格を取得することで公共空間に入りやすくなる。実際に、東北大学病院など公立病院でも雇用されている例もあるという。また五年ごとの資格更新制なので、臨床宗教師間での情報共有や宗派を超えたネットワークができるというメリットもあるようだ。報道でも取り上げられて世間の関心もあり、好意的に受け取られている（なお、龍谷大学の「臨床宗教師」に関するプログラムおよび研修の具体的内容については、打本［2023］を参照されたい）。

つぎに臨床仏教師を紹介する。これは、公益財団法人全国青少年教化協議会に付属する臨床仏教研究所が認定する資格である。ホームページによれば、臨床仏教師とは、人生の生老病死にまつわる現代社会の苦悩と向き合い、専門的な知識や実践経験をもとに行動する仏教者を意味する。

その養成プログラムは、台湾における臨床仏教師の研修制度を踏まえており、苦の現場で仏教精神に基づき、ケアする人材の育成を目指す。ここでも講義に加えて、対人関係の場面を想定したケアの技術取得を目指すワークショップ、また養護施設や病院などの現場における実践研修が組み込まれている。

最後に臨床スピリチュアルケア師を取り上げる。これは一般社団法人日本スピリチュアルケア学会が認定する資格である。資格認定の目的は「(前略) スピリチュアルケアを含む全人格的なケアが社会のあらゆる場面で実践されるよう推進すること」(定款第三条) を達成するためにスピリチュアルケア師資格を認定し、社会的実践を行うもの同士の相互研鑽および資質の向上を目指すとされる。その養成プログラムでも、講義に加え、グループワークや臨床スーパービジョン、そして臨床実習が含まれている。

これらの資格はいずれも「教義」から発想するのではなく、「現場の苦しみ」から出発するので、現場での実習が重要になる。いずれの養成プログラムにも、キリスト者が主に進めてきたCPE (Clinical Pastoral Education：臨床牧会教育) プログラムが影響を及ぼしている (CPEに関してはガーキン [2012] を参照)。

本来ならば、各宗派における師弟養成過程にはこのようなプログラムが組み込まれてしかるべきだと思うが、ないとすれば、一人でも多くの僧侶がそのような資格を取得できるよう、宗派がバックアップすることも必要だろう。そしてそのような大乗の精神を持った僧侶が増えれば、教団の雰囲気も徐々に変わるに違いない。

●第三者評価の導入

最後の提案は、第三者評価の導入である。律蔵の復興でも少し触れたが、閉じた教団を開いた教団にするためには、在家者という外部社会のチェックが必要不可欠だ。ほかの組織と同様に、第三者の客観的な視点で自分たちの組織運営を相対化するのである。これを導入し、なおかつその評価に基づいて組織改善し、自浄化作用を発揮すれば、社会の認識は変わるのではないか。これはかなり現実的な提案であり、その気になれば、すぐにでも実行できる。評価項目をどう設定し、どう評価するかについては議論の要るところだが、最初から完璧を目指すのではなく、まずはできるところからスタートし、徐々に評価項目を増やし、評価基準を上げていくのが現実的だろう。

現在の日本で、寺院に対して第三者評価を行っている組織は、「非営利型一般社団法人・日本寺院機能評価機構」の一つしかないので、その取組をここで紹介しよう。

これは寺院の活動を多面的かつ総合的に評価するというのではなく、「地域包括ケア寺院」の認定を行う機構である。地域包括ケアシステムとは、厚生労働省が提唱する地域包括ケアシステムで、重度な要介護状態となっても、住み慣れた地域で自分らしい暮らしを人生の最後まで続けることができるよう、住まい・医療・介護・予防・生活支援が一体的に提供される地域における態勢のことである。そして「地域包括ケア寺院」とは何かについては、その設立趣旨を見てみよう。

本法人は、地域住民、医療福祉専門職、終活、フューネラル事業者が気軽に集まれて何でも話し、学べる寺院、すなわち「地域包括ケア寺院」を普及すべく設立する。どこの寺院がどのような機能を有し、どのような僧侶・寺族が存在して、地域包括ケアに資するかを客観的に評価することを目的とする。地域コミュニティとして人生の最終段階について相談出来、意見交換できる機能を有する寺院を認定し、広く社会に知らしめる。寺院・僧侶を包括ケアシステムに組込み、医療・福祉・介護専門者との連携を促進していく。

地域包括ケア寺院のイメージは、生老病死について考え、自分を見つめ直す場であり、また語り合い、学び合う地域コミュニティの場であり、具体的には以下の機能を持つ。

・保健室機能
・ACP（Advance Care Planning：最期までどんな医療やケアを受けたいのかをあらかじめ考え、周囲の人たちと繰り返し話し合うことで考えを共有してもらう）の学びの場
・何でも話せる心理的安全な場
・抜苦与楽の場（プレグリーフケア）
・一人一物語を語る場、死生観を涵養する場
・スピリチュアルケアの場

このような寺院が地域包括ケアの拠点となり、ハブ機能を果たすことを目指している。

本機構は一九九五年に始まった「日本医療機能評価機構」という病院を評価する仕組みを参考にしている。これによって、それまでは閉じた組織であった病院ではチーム医療が進み、医療水準が高まった歴史があるが、これと同様の効果が期待されている。その評価項目（大項目）は以下の五点である。

①地域住民中心の寺院活動
②高齢多死社会への対応
③遺族・患者に対するケア
④地域との連携
⑤終活支援、フューネラル関連企業・専門職種との連携

看護（医療）側には仏教寺院（僧侶）との連携を求めるニーズはあるが、仏教側の反応は鈍いようである。行政が地域包括ケアシステムを推進しようとし、看護（医療）側からのラブコールがあるというのに、仏教側はこれに対して消極的である。まずは第三者評価を受けて、自らの寺院の立ち位置を客観的に確認する作業から始めてはどうか。

●重要な在家者の役割

最後に、在家者という観点から仏教再生を考えてみたい。出家者および出家者の集団である教団が変わるためには、在家者の存在も無視できない重要なファクターとなる。なぜか。政治の世界を考えれば、理解しやすいだろう。政治家を成長させるのは有権者でもある。不祥事を起こした政治家を有権者が放置すれば、政治はますます悪くなる。有権者が政治家を厳しい目で見つめ、問題行動が認定された場合は投票で意思表示し、厳しい判断を下せば、政治家は確実に変わる。有権者はより積極的に政治にコミットすべきであり、指をくわえて自分たちの生活を改善してくれるヒーローの出現を待ち望むべきではない。これと同様に、在家者の厳しい目があれば、出家者は変わる。

意図的ではないかもしれないが、結果として現在の出家者はさまざまな批判に晒され、それがあるからこそ今、出家者は自分たちのあり方を問い直そうとしている。このような状況は、ある意味で健全なことなのだ。しかし、まだそれだけでは充分ではない。ではそれを充分なものとするために、何が必要だろうか。

阿満［2007］によれば、日本人は清僧待望論を抱き続けているという。これは、罪や汚れから逃れることのできない人間が、自分たちに代わって、こうした罪を贖《あがな》い、穢れを祓ってくれる、いわば代理人を求める心情だ。その例として、阿満は現代の清僧といわれる比叡山の回峰行者《かいほうぎょうじゃ》に言及する。修行の最後の段階で、京都市内に入ると、多くの信者たちは彼の行く手に待ち構え、数珠などで頭を撫でてもらう風習がある。清僧の呪力によって、我が身の浄化をはかろうとする。これはまさに政治の世界でヒーローを希求する心情と共通する。

これでは、出家者は変わらない。ただ指をくわえて清僧の出現を待望するのではなく、そうかと言ってただ批判するのでもなく、自分たちが出家者を教育し、育てるのだというくらいの気概も持ってほしい。前章の最後で戒名を問題にしたが、これについても在家者の関わりが重要になる。

戒名が問題視される一方で、「戒名によって家の面子を維持したい／見栄を張りたい」という心情から、在家者が自ら長く立派な戒名を高額で求めることがある。こうなると、出家者と在家者の利害が一致してしまい、この現状はまったく改善されない。ここでも在家者は毅然とした態度で、面子や見栄を度外視し、戒名に対峙してほしい。

最後に勝手なお願いだが、在家者も宗教や仏教のことを学び、クリティカルな目で出家者を点検し、誤っていれば出家者や教団に建設的な「ノー」を突きつけ、正しければ敬意を以て接する。このように、メリハリのきいた接し方をすれば、出家者も変わるのではないだろうか。

つまり、在家者は仏教教団の外に位置しているのではなく、仏教の重要なステークホールダーなのである。これは古代のインド仏教教団が「四衆《ししゅ》（四つの集団）」によって構成されていたという事実を見れば一目瞭然だ。四衆とは比丘《びく》（男性出家者）・比丘尼《びくに》（女性出家者）・優婆塞《うばそく》（男性信者）・優婆夷《うばい》（女性信者）という四つの集団を指す。仏教教団は出家者だけではなく、在家信者も教団の構成員だった。この視点に立てば、在家者が仏教の重要なステークホールダーであることが理解されよう。有権者の意識が変われば政治が変わるように、在家者の意識が変われば仏教は変わる。

●社会倫理の確立

本章を締めくくるにあたり、教団を開かれた組織とするために、「社会倫理」という視点から日本仏教および日本仏教教団のあり方を考えてみよう。手がかりにするのは島薗［2013］である。島薗は宗教（仏教）の重要性を認めながらも、現代の日本仏教に欠落しているのが社会倫理の確立であると見定め、「正法」という一貫した視点から日本仏教史を考察している。

島薗はインド仏教における出家の意味が「無常と暴力を超えるための道」であると確定し（その理由づけはやや強引に感じるが）、暴力を超えることをめざす仏教は決して厭世的な宗教ではなく社会倫理を目指す宗教であり、当初から「社会参加型の仏教」だったとする。

第一章で見たように、インド仏教ではダルマが政治と宗教を相対化する機能を果たしていたが、日本仏教もダルマ（島薗はこれを「正法」と表現）の確立を目指し、それによって国家の安泰を目指した。だから、島薗の理想とする仏教は正法理念に基づく「鎮護国家」であり、法然に始まる「個人の救済を目指す仏教」は低く見られる。だが、日本の仏教研究者は鎌倉時代を嚆矢とする宗派に属する僧侶が中心だから、自ずと鎌倉新仏教の価値は高くなるが、島薗はそのような日本仏教の歴史観には異を唱える。その評価の是非はともかく、島薗［2013］が考える理想の仏教のあり方は以下のとおり。

「正法」の理念は戒律や出家を尊ぶ僧侶集団（サンガ）が、社会の精神的価値の保障者として立ち現れることを願う信仰のあり方と結びついている。出家し戒律を守り悟りを求める生活を行うことは、自らが個人として解脱することを目指すとともに、社会に不殺生や節制と平安を望む精神が行き渡ることを目指すという社会倫理的含意をもつ。アショーカ王のような理想的な王が「正法」の守護者としてサンガを護るというのが、そのわかりやすい形態である。

正法の復興には、その主体となる僧伽が正しく機能していなければならないが、そのためには僧伽の構成員である僧侶が戒律を堅持し、如法《にょほう》な生活を送ることが必須となる。第五章で詳説するが、日本仏教史においては叡尊や忍性に代表される真言律宗のように、しばしば戒律復興運動が起こったが、大きな潮流にはならなかった。しかし、島薗によれば、戒律放棄を説く浄土教に対抗し、あくまで正法の意義を高く唱えようとする潮流が近世・近代の仏教の底流をなしてきたという。そしてこの流れは、正法の確立を目指した日蓮系の在家仏教（創価学会・霊友会・立正佼成会など）へと継承されていく。

さて、もう一つ、社会倫理の確立に関して島薗が槍玉に挙げるのが法然である。その理由は、まがりなりにも存在してきたはずの統一僧団からはずれて、分裂した集団としての宗派が構成されることになったからだ。これにより、祖師との一体性に基づく宗派僧団形成が進められ、各宗派は宗派存続に向けて祖師信仰や本末関係を強力に展開し、日本仏教の宗派主義的傾向が露わになる。

このような宗派主義的な発想にこだわり、ただ宗祖を尊ぶことだけに終始する言説はグローバル化の時代に通用するのか。伝統に由来するローカルなものがローカルなままに留まっているのでは、深刻な問題に直面する現代人のニーズに応えられない。ローカルなものがグローバルなものに響きあい、その特色を活かしつつ新たな活力を見出していくような方向性が指し示されなければならないと島薗は指摘する。

蛸壺化した教団が社会の課題に目を向け、その課題解決に向けて宗祖の精神を現代的に蘇らせた方向性を、現代人が納得するような形で示し、独自の社会倫理を確立できるのか。それが問われている。たとえば浄土系の僧侶は、科学が発達した現代社会で「西方極楽浄土にましますす阿弥陀仏」を説明する言葉、また阿弥陀仏や極楽の存在が現代人や現代社会に持つ意義を説明できる言葉を持たなければならない。教団は社会に対して開かれていなければならないのである。

第五章　戒律の復興

第二章では、日本仏教の問題として「戒律の不在」を考察した。仏教伝来以来、基本的に政治の影響下にあった日本の仏教界は本来の姿を発揮することなく、今日を迎えている。とくに戒律に関しては、最澄の大乗戒壇の設立が善くも悪くもエポックメーキングであった。これにより、覚りへの門戸は出家在家を問わず平等に開かれたが、それはまた出家と在家の境界を曖昧にする端緒にもなったからだ。本章では持戒の重要性を確認し、新たな戒律復興の可能性を考えてみたい。

●「聖性」の担保

まずは、出家者の聖性を考察するが、これについては、当然のことながら仏教の開祖であるブッダ自身がいかに聖性を担保したのかを参考にするのがよい。松濤［1991］の所論を紹介しよう。

同書を執筆するに当たっての松濤の問題意識は「ブッダはどうして聖者たりえたのか」、換言すれば「ブッダの聖性の根源は何だったか」となる。一般的にブッダの聖性は「悟り」に求められるが、ブッダは悟った後も、民衆の教化以外に「修行」を継続して行っていた。ここに松濤は注目する。

そもそも最初期の出家者はどこに住み、どこで修行をしていたのか。現在の日本人から見れば、出家者は寺に住んでいるので、当時の出家者も現在の寺に相当する精舎に住んでいたと想像する。間違いではないが、精舎は仮の住まいであり、永住する場所ではなかった。時代が下ると僧院と呼ばれる場所に定住するようになるが、最初期の出家者の基本的な生活様式は「遊行《ゆぎょう》」であり、町から町へ、村から村へと、旅をしながら人々に法を説き、また森林や洞窟などに籠もって修行した。その修行の場所の一つに死体遺棄場がある。

第六章で死の隠蔽を説明するが、出家者は死体遺棄場で捨てられた死体が腐乱する状態を観察して不浄観を修し、貪りの心を克服しようとした。これにより、まだ生じていない貪心は生じないし、すでに生じてしまった貪心は捨てることができる。つまり、肉欲を断ち切り、肉欲を起こさないための実践が死体遺棄場での死体の観察だった。

しかし、人間であり体を有して生活している以上、ブッダでさえも貪心は生じてくる可能性があるので、すでに起こり、また将来に起こる可能性のある貪心をいかに制御し、活性化させないかが重要である。だから、ブッダを含めた出家者たちは、生きている限り、修行を実践する必要があった。そして、この修行の実践と継続こそがブッダ（および出家者）の聖性を担保したのではないかと松濤は結論づける。

これは道元の行持《ぎょうじ》（修行の継続）にも通じる考え方だ。道元は、仏になるために坐禅するのではなく、衆生は本来仏であるから修行しなければならないと考えた。仏であり続けるためには修行し続けなければならないのだ。

さて松濤はこの聖性の担保を、違った視点からも論証している。一つは彼らが身につけていた衣（糞掃衣）、もう一つは布施の納受である。では前者から。

前章で見たように、当時の出家者が身につけていた衣は「糞掃衣」と呼ばれ、さまざまな衣が糞掃衣たりえたが、それらは極めて不浄で呪力に満ちたものであった。このように、一般人が忌み嫌う、危険なはずの衣服を、出家者たちが身につけることができたのは、修行に基づく聖性が身に具わっていたからである。

つぎに、布施の納受。財物は肉体と同様に現世においては享受の対象であり、死とともに捨てなければならない。つまり布施する品は我々にとって不都合であり、布施することは苦をもたらす要因としての「老」と「死」とを除去するものとして表現される。つまり、布施物は日常生活において不都合なもの、人生にとって排除されるべき邪悪なものを象徴的に表していると見ることができるので、布施とは施す者の浄化をもたらす手段である。

ブッダを含め出家者が危険な要素である布施物を受け取ることができたのは、彼らがその危険性を中和し、無害なものに変化させる力を持つ者であると信じられていたからだが、それを可能にしたのが修行を継続して行う「精進《しょうじん》」だったと松濤は指摘する。考えてみれば当然だが、布施には施主の「真摯な心」と同時に「物惜しみの心」といった不浄なものも載せて差し出される。それを中和させ無害化する力が受け取る側になければ、その不浄に出家者は汚されてしまうのだ。

こうして、死体遺棄場に住み、呪力に満ちた不浄な糞掃衣を身に纏い、慳貪の心とともに差し出される布施を受け取る当時の出家者は、バラモンたちにとって、祭祀の呪力を破壊してしまうほどの危険な呪力をそなえた〝不浄な人物／危険な人物〟と見なされていた。

●家族を持つ出家者の限界

日本仏教にはさまざまな問題があることは、すでに指摘したとおりである。しかし問題のある中で、真摯に出家者としての努めを果たす僧侶がいることも確かだ。ただ、妻帯して子供をもうけ、家庭生活を営みながら在家者と変わらぬ生活する出家者には、それゆえの限界もあることを知らねばならない。それを象徴するエピソードを鵜飼［2015］から紹介しよう。

著者の鵜飼秀徳《うかいしゅうとく》とのインタビューで、戸松義晴《とまつぎせい》（全日本仏教会元事務総長）は、タイのエイズ患者を収容するホスピスに、日本の仏教者として同ホスピスの創始者である僧侶とともに訪問したときの経験談を語っている。そのとき、末期症状の患者が手を伸ばしてきた。皮膚はただれて手には体液がべっとりとついていた。医療関係者やボランティアは必ず手袋をはめるが、その僧侶は素手で患者の手を握り、最期の力を与えた。そうしているうちに、戸松に順番が回ってきた。力なく手を差し伸べる患者の、体液がついた手を見たとき、彼はどうしてもその手を握り返すことができなかったという。

理由は簡単だ。もしもエイズに感染したら、自分の寺はどうなるのか、跡継ぎはどうなるのか、ということが瞬時に頭をよぎったからだ。宗教家であるにもかかわらず、エイズ患者の差し伸べる手を握り返すことができなかった戸松は悲しくて泣いてしまったという。私もその場にいたら、戸松と同様にその手を握り返すことはできなかったであろう。それに対し、タイの僧侶は何事もなかったかのように、こう答えた。

当然ですよ。あなたには守るべき家族がいて、守る寺があるのでしょう。でも、タイでは僧侶として出家したということは、支えてくれる人々に命を預けたということを意味するのです。だから私には妻も子供もいません。仮にエイズに感染して死んでも弟子が後を継いでくれます。何の問題もありません。

これをふまえ、「戸松は「日本の多くの僧侶は命を賭してまで、本来の「宗教家」にはなり切れないんです。いくら日本の僧侶が口ではきれいごとを言っていても、究極の場面では本当の姿が出てしまいます」と述べ、「僧侶の独身主義には意味があったんだ」と結ぶ。まさにここが、家庭を持つ出家者の限界だ。僧侶としての志があっても、守るべき家族がいれば、エイズ患者よりも自分の家族が優先されるのも無理はない。

松尾［2006］も同様の指摘をしている。タイやスリランカなど、出家者が妻帯せずに戒律を遵守する仏教国において、日本の仏教者の評判は芳しくないという。その最大の理由は僧侶の妻帯であるが、「妻子を抱えて、他者の救済に努めるのは至難の業である。己を捨ててハンセン氏病患者の救済に邁進した忍性らの活動も、釈迦を理想とした、独り身ならではの活動であった」とする。

●限界を超えるために

では、家庭を持ちながらもこの限界を超え、僧侶として生きて行くには何が必要かを考えてみよう。ヒントにするのはブッダのジャータカ（本生）物語である。ブッダの神格化にともない、今生でのブッダの悟りはこの世の六年間の修行で成就したのではなく、過去世においても菩薩（悟りを求める者）として輪廻しながら数多の修行（主に布施）を重ねてきたと考えられるようになり、多くのジャータカが創作された。

その中には玉虫厨子に描かれているように、飢えた母虎が出産した自分の子を食べようとしたのを目撃し、菩薩が身投げをして自らの肉体を母虎に捧げたというものがある。これ以外にも自己犠牲の話はジャータカの中にいくつも確認できるが、これがまさにタイの僧侶に通ずる姿勢である。これはこれで尊い行為だが、結婚をして妻子をもうけながら、それを布施するという話もある。これはある意味で自分を布施するよりも難しい行為だ。これで有名なのがヴェッサンタラ本生話であり、いくつかのバージョンがあるが、ここではサンスクリット語で現存する話から紹介しよう。

王子として生まれた菩薩は菩提のために何でも布施し、大いなる布施行に専心していた。それを知ったバラモンたちは王子に近づき、王子が乗っている車を布施して欲しいと願うと、王子はその車から降り、喜んでそれをバラモンたちに与えた。別のとき、象に乗っていた菩薩は敵国の王に乞われ、その象も布施してしまう。象は戦争で大きな力を発揮するものだったが、王子はそれを敵国の王に与えてしまったのである。怒った父王に勘当され、国を追放された菩薩は妻と二人の子を連れて森に住むことになった。森の中で菩薩はあるバラモンに出会うが、彼は菩薩に二人の子を布施するように懇願する。一瞬躊躇するも、最終的に菩薩は自分の可愛い二人の子供をバラモンに布施してしまった。それを見ていた帝釈天はバラモンに変装し、菩薩に妻を布施するように言い寄ってきた。そして菩薩は自分の妻をも布施してしまう。世俗的な価値観からすれば、これは非常に違和感のある話に違いない。父として夫として、菩薩の所行は非難されるべきであろう。しかし出世間的立場に立てば、菩薩として最優先すべきは法であり、それによって家庭は相対化される。

ともかく、この話は最終的に二人の子供も妻も戻ってきてハッピーエンドで終わるのだが、これは在家者として妻子を持ちながらも、菩薩（道を求める者）の理想像が描かれており、日本の出家者のあり方を考える上で参考になる。家庭を持っても、家庭を捨てる覚悟が日本の出家者にあるかどうかが問われているのだ。そう言うと、「それはあくまで物語の中での架空の話ではないか」と言われるかもしれない。では現実にあった話をしよう。それは親鸞が息子の善鸞《ぜんらん》を義絶《ぎぜつ》した話だ。

親鸞が遠く離れた東北の地で、息子の善鸞が誤った浄土教を広めていることに心を痛め、善鸞を義絶した話は有名だ。私はヴェッサンタラ本生話が親鸞の息子の義絶に通じると思えてならない。出家者が公然と妻帯し子供をもうけることは、中世の日本にあっては極めて稀で異常なことだったと思うが、それでも親鸞は法のために息子を義絶する覚悟を持っていた。その覚悟を持っていたからこそ、公然と妻帯し子供をもうけながらも、「非僧」と同時に「非俗」の矜持を持てていたのではないか。阿満が指摘したように、日本の出家者は「非僧」は実現したが、「非俗」は実現できていないのである。

家庭を持ちながらもこの限界を超え、僧侶として生きて行くには、この親鸞の「非俗」の覚悟が必要なのであり、これを持ちえてこそ戒律なき日本において〝出家者（宗教家）〟を名乗ることができよう。我が息子の宗教的な資質を見極め、資質がないと判断すれば、「お前は僧侶になるな」と言える出家者はどれほどいるだろうか。残念ながら、資質がなくても後さえ継いでくれればよいと息子を甘やかす僧侶の方が多いのではないかと推察する（あくまで私の勝手な推測です）。

ではここで、親鸞の立場である「非僧非俗」を考えてみよう。もしも現状を変えないのであれば、つまり家庭生活を営みながらも「出家者」を名乗るのであれば、「非僧非俗」

は日本の出家者の有り様を考える上で重要であるからだ。

仏教は「非A非B」あるいは「不A不B」という表現を多用する。これは何を意味しているかというと、両極を否定することで、その両極を越えた〝第三の立場〟を表している。たとえば「不一不異」や「不生不滅」は、「空」や「縁起」という仏教の根本真理を示している。弁証法で言えば、「正（テーゼ）」と「反（アンチテーゼ）」を止揚（アウフヘーベン）した「合（ジンテーゼ）」の立場であり、「半僧半俗」（どっちつかずの中途半端な立場）とはまったく異なる立場である。

佐々木［1956］によれば、非僧非俗とは「無戒名字《むかいみょうじ》の比丘（戒律を保たない名前だけの出家者）」の自覚に立ち、僧俗や出家在家を超えた新たな仏教の立場を示し、寺院仏教を脱皮した歴史的意義を持っていると指摘する。「非僧」によって当時の堕落した官僧を批判し、「非俗」によって従来とは違う出家者の新たなあり方を宣言した。この「非俗」あるいは「新たな聖性」をどう実現するかが、今の日本の出家者に問われている。

●出家者であることの意味

ここで再度、違った観点から出家者であることの意味を考えてみたい。浄土宗や真宗といった浄土系の仏教にとって、持戒は往生とは無関係である。たとえば、法然は念仏以外に往生行を認めない。しかし、持戒は在家者と出家者を峻別する基準となる。ここに持戒の重要性がある。とくに浄土系の仏教において、出家者の意義を問うことは重要だ。なぜなら出家者も在家者も等しく念仏で往生するなら、「出家者とは何か」という存在意義を明らかにしなければならないからだ。

結論を先に言えば、それは「利他行」しかない。在家者は念仏往生（自利）だけを考えればいいが、出家者はそれに加え、利他の実践を喜びとする者である。ここに大乗仏教の流れを汲む出家者の存在意義があり、それを実践しないのであれば、出家者の資格、あるいは存在意義はない。この点を日本仏教史から繙いてみよう。

日本に仏教が伝来して以来、僧侶は官僧（国家公務員）であり、鎮護国家のもと、国家繁栄に尽くすことが求められた。彼らは国家公務員であるから、国家からの給付を受けていたので、悩める人々の個人的な救済願望に応えたり、在家信者を組織して、信者からのお布施を期待したりする必要はなかったのである。

これに対し、遁世僧とは、いったん官僧となったが、官僧の世界のあり方に不満を持ち、官僧の特権と制約から離脱して、新たな教えを開いた出家者を指す。具体的には、鎌倉新仏教の開祖たちに加え、叡尊や忍性らも遁世僧だった。とくに叡尊や忍性はハンセン氏病患者の救済をはじめ、庶民の葬式にも従事した。しかし彼らは持戒しているからこそ、通常では不可能とされていることができると考え、葬式で死体に触れたり、死体と同座したりしても、「死穢」に汚されることはなかった。つまり、持戒していることが、死穢を初めとする不浄の真っ只中で利他行を行いながらも、聖性を担保することの根拠となったのである。

松尾は戒律を「呪術／呪力」と表現する。インド以来、戒律を保つことで「律儀（一般には「りちぎ」と読むが、仏教専門用語では「りつぎ」と読む）」が獲得され、それが悪の侵入を防ぐという考え方があった。ここで律儀を簡単に説明しておこう。

業（行為）には習慣性がある。同じ行為を継続的に行っていると、意識しなくても体が反応するようになる。戒律を守って善業を習慣づけると、悪業が自ずとできなくなるようになる。この行為の習慣力を律儀といい、目には見えない律儀の「バリア」によって身心が覆われると考えておけばよい。これによって悪の侵入が防げるのであるが、こう考えれば、戒律を「呪術／呪力」と表現する必要はない。叡尊も忍性もちゃんとインド仏教を踏まえているのである。

話をもとに戻そう。大乗仏教の出家者は利他行を自らの喜びとして行わなければならない。その利他行の中にはまさに世の中の不浄に飛び込むことも必要となる。しかし不浄の世界に入っても、その不浄に毒されないためには、聖性を守るべき善なる律儀が必要であり、その善なる律儀を担保するのが持戒なのである。よって、真に利他行を実践しようとする出家者は持戒する必要があるのではないか。

まさに現代日本の僧侶の多くは、その聖性を担保する戒律を守っていないために、あえて利他行にも踏み込んでいないような気がする。無意識に防衛本能が働いているように思えてならない。大乗仏典に頻出する喩えだが、蓮は泥より出でて泥に染まらず純白の花を咲かせるが、利他行を実践するため不浄の世界に身を置きながらも、それに染まらず、聖性を担保するには持戒が必要なのである。

●在家仏教とは

さて出家在家を問題にしたので、日本仏教の特徴の一つとも言える「在家仏教」についても本章で見ておこう。

その嚆矢はおそらく、『在家仏教』を著した河口慧海《かわぐちえかい》であり、彼の考えが後の田中智学《たなかちがく》などに受け継がれ、日蓮宗系の創価学会などの在家仏教教団を誕生させた。よって、ここでは河口慧海が提唱した在家仏教とは何であったかを元山［2000］に基づき、整理してみよう。

すでに見たように、もともと日本仏教では出家在家の境界が曖昧であった。そのため、日本で在家仏教が支持されるのも不思議なことではない。この態度は研究にも反映し、仏教学の泰斗である平川彰《ひらかわあきら》はかつてインドにおける大乗仏教の起源（主導者）を在家信者に求めたほどであった。一時期、彼の仮説はかなりの支持を得たが、現在では出家者が大乗仏教の主導者であったことが論証されつつある。ただし、大乗仏教が出家在家を超える運動であったことは間違いない。

それはともかく、出家者として持戒堅固であった河口慧海が還俗し、在家仏教を唱えた理由は何であったか。元山［2000］に基づき、紹介しよう。

河口は本来、強い正義感と旺盛な行動力を備え持っていた。それがあったからこそ、チベット探検という難事業も敢行できたと言えよう。一五歳のとき、彼は『釈迦一代記《しゃかいちだいき》』を読んで感銘を受け、黄檗宗の僧侶として出家を果たした。その後紆余曲折があり、チベットより帰国後、最終的に黄檗宗の僧籍を返上し、大正一五年に還俗を公表すると、在家仏教を提唱し、在家仏教修行団を設立する。

河口の在家仏教の思想は、精進生活を土台とし、彼の強い正義感と旺盛な行動力をベースに、近代的な仏教研究方法を導入した原典研究によって打ち出されたものである。彼は現状の社会や仏教界を厳しく批判し、合理主義的手法に基づいて、宗派仏教を徹底的に批判し、戒律を根本に置いたブッダの仏教に戻ろうとした。河口は『在家仏教』の中で当時の社会および仏教界を次のように批判する。

現代社会の人々は、真実の生活をなす者が少く、却って虚偽の生活をなす者が多い。（中略）最も重大な責任は精神界の指導者であるべき宗教家が負はなければならない。

殊に我日本にあっては、宗教界の大部分を領している仏教の出家僧侶が負はなければならない（『在家仏教』）。

彼自身が終生、自立的に持戒の生活をしていただけに、在家の戒である五戒すらも守っていない出家者にはきわめて批判的であった。僧侶が戒を堅持し、正しい生活を送ることが、他の人々の模範となり、高潔な僧侶が醸し出す雰囲気が人々を正しい生活に導くと河口は考えていた。このような破戒の僧侶が行っている社会事業についても、河口の批判は厳しい。

彼等は仏教の福田事業に似ている現代流行の社会事業を経営する。これは外見上甚だ感心な事に見える。又実際多くの人々を感心せしめている。（中略）併しこの外見上感心すべき社会事業が、彼等の本分を護持しない敗徳破戒の保護色として使用されている事実は、巧妙なる悪魔事業の標本と云ふべきである（『正真仏教』）。

持戒すらできていない僧侶の実践する社会事業は、自らの悪業に対する隠れ蓑であるという。こうして河口は大乗仏教こそがブッダの仏教であり、末法という現代に相応しているのは在家仏教であると結論づける。彼の在家仏教の主張は、懺悔《さんげ》と三宝帰依《さんぼうきえ》に基づき、在家の戒である五戒《ごかい》を堅持し、最終的には菩提心を起こして六波羅蜜《ろくはらみつ》を行じる菩薩になることにあった。

私の個人的な感想だが、こうしてまとめてみると、河口の在家仏教は、思想的あるいは内容的に出家仏教よりも在家仏教が優れているからではなく、当時の僧侶の堕落ぶりを嘆き、そのカウンターとして提唱されたものではないか。当時の僧侶の破戒（あるいは「無戒」というべきかもしれない）は、河口の目にも相当深刻な問題として映ったに違いない。

私の目には河口慧海こそまさに模範的な出家者であり、また彼自身にもその自負はあったと想像される。だからこそ、当時の僧侶の腐敗した姿は目に余るものがあり、「出家仏教」に対して「在家仏教」という対立軸を打ち出すことで、当時の仏教界に一石を投じ、問題提起しようとしたと考えられる。

しかし、世俗の価値観を相対化するには、やはり在家信者による在家仏教ではなく、聖性をしっかりと担保した出家者による出家仏教が必要であると私は考える。

●戒律の復興に向けて

以上の考察から、戒律の重要性については確認できたと思う。そこで本章の最後に、戒律復興の可能性について考えてみたい。

前章で指摘したように、日本仏教の問題点は、戒律の衰退あるいは無視にある。これは日本仏教再建に向けて看過できない問題である。ではここで再び佐々木［2002］によりながら、戒律復興の具体策を考えてみよう。佐々木は日本仏教の律蔵不在の問題点を指摘（既述）するとともに、律蔵復興のための具体策も四点に亘って同時に提示している。

第一は、日本独自の新たな律の導入だ。ないのであるから、まずは導入することが必要になる。これは「仏教が出家宗教である」ことが前提となるので、根本教義に出家という概念を持たない宗派の場合、そもそも律蔵の導入自体が不可能になるので、まずは日本の各宗派を出家主義を旨とするものと、そうでないものとに峻別する作業が必要になるという。

となれば、禅宗系は出家主義を旨とするので問題ないが、浄土系は出家在家の区別なく念仏往生を説くので、出家主義を旨とせず、律蔵の導入は不可能ということになる。しかし、私はすべての宗派において律蔵の導入は不可欠と考える。浄土宗の場合で考えてみよう。戒律を保つことを往生の条件とすれば、往生できない人が出てくるので、法然は持戒を往生の条件とせず、念仏のみを往生の条件とした。だから、往生にかんして出家在家は問題にならない。

これを以て浄土宗の出家者は律蔵の導入に反対するかもしれない。にもかかわらず、私が浄土宗に律蔵の導入が必要と考える理由は何か。それは出家者の〝資質（聖性）〟を担保するためであり、決して往生のためではない。戒律を守るのがいやなら、浄土宗の出家者は還俗すればよい。還俗しても念仏すれば往生できるのであるから、後生にかんしてまったく問題ない。後生は保証されている。真宗の場合も同様の理由で、律蔵の導入は必要ではないか。つまりは宗派を問わず、また根本教義に関わらず、日本仏教の各宗派は律蔵を導入すべきだと考える。

律蔵を導入するとして、第二はいかに新たな規則を作成するかが問題だ。すでに指摘したように、律蔵は外部社会との関係をふまえて制定されるものであるから、出家者側の勝手な思惑に依ることはできず、外部社会の参加が不可欠になる。そしてそのためには、出家者が在家者に対し、仏教僧団にかんする充分な情報を提供することが不可欠となる。その上で、出家者と在家者が共同作業で新たな律を制定することが可能になる。

第三は、罰則規定の厳格化である。律は法律であるから、違反すれば罰則がある。よって、出家者は制定した規則に対して責任を取らなければならない。たとえば、ある規則を犯した出家者に対しては、僧団側からは僧籍剥奪、一般社会からは布施の停止といった両面からの懲罰を課せられることが必要になるだろう。

第四は、適切な法改正機能を持たせることだ。律蔵は外部社会と僧団との円滑な関係を保つことが目的であるから、社会の変化に応じて規則は柔軟に変更されることが前提となる。ただし、法改正は単一の機関だけがその権限を持つようにしておく必要がある。というのも、宗派ごとに勝手に法改正が行われるなら、全法体系が瞬時にして瓦解してしまうからだ。

しかも、その機関には一般人が参入していなくてはならない。規則を作り、それがその社会の中で正しく機能するかどうかを常にチェックし、問題があるなら即座に改正する、という手順の中では、一般人にも承認権が与えられるのは当然であると佐々木は指摘する。この新たな律蔵制定にあたっては、在家信者のコミットメントが強く働いていることがわかる。こうした作業は、出家者と在家者がお互いの立場を理解する上でも大切な作業となり、〝社会に開かれた僧団〟になるための貴重な一歩になるだろう。

第四章でも指摘したように、インドにおける僧団は四衆から構成されており、その中には男性在家信者と女性在家信者も含まれていた。その意味でも、出家者および出家者集団に対する在家信者の働きかけは、教団教団の改革に必要不可欠であることを本章でも再度確認しておく。

各宗派にはそれぞれの思惑もあるから、全宗派に共通の理念を打ち出し、全宗派に共通の規則を制定するのは不可能に近いが、せめて各宗派独自の戒律を定めることは可能なのではないか。私は檀家制度と世襲制度が日本仏教の病巣と考える。とくに妻帯による世襲制度は、すでに指摘したように、「志」のない僧侶を再生産する装置となっている。日本の地中深くまで根づいたこの制度を短期間で変えることは至難の業だが、戒律の制定とセットで段階的に僧侶の妻帯を禁止し、僧侶の数は減っても少数精鋭の出家者集団を形成しないと、日本仏教の未来はないように思う。

第六章　利他の実践――強みを再認識する

本章では、仏教が社会の信頼を取り戻すために、仏教の教えをどう活かすかについて考えてみたい。第四章と第五章では、組織（教団の改革）や綱紀粛正《こうきしゅくせい》（戒律の復興）など外発的な側面からのアプローチだったのに対し、本章では仏教が長い歴史の中で培ってきた思想に注目し、その強みを再認識した後、これからの社会が進む方向性を見定め、内発的に利他を実践する可能性を考察する。

●これからの社会の方向性と仏教思想の可能性

二五〇〇年の歴史を有する仏教はインドを淵源とし、アジア各地に伝播するにつれ、時代性や地位性の淘汰を受けながら多様な展開を遂げた。そしてその思想の多様性は、今後の社会の問題を考える上で大きなヒントを与えるものと私は考えている。そのためには、今の社会が将来に向けてどのような方向性に進むのかを見極めておく必要があろう。

歴史（過去）を学ぶことの一つの意義は、未来を予測することにある。過去から現在の方向性（ベクトル）が理解できれば、現在から未来への方向性もある程度、予想できるからだ。人によって、また視点によって、その方向性に対する見解（認識）は千差万別だが、私なりに過去から現在の方向性を確認し、未来を予測すると、以下の五点となる。すなわち、「自我の肥大化／身体性の欠如／死の隠蔽《いんぺい》（これについては次章で取り上げる）／物語の知の喪失／多様性の促進」だ。個々の内容については以下でそれぞれ詳しく取り上げるとして、ここでは簡略にその内容について説明を加えよう。

科学技術により我々の生活は便利で快適になるが、その「便利／快適」の背後にあるのは、煩悩に基づく人間の「エゴ（自我）」だ。「もっと楽をしたい／もっと楽しみたい／もっと刺激がほしい」というエゴが科学技術を進歩させる。それによって我々の生活は便利になるが、それに慣れれば、さらなる刺激（便利／快適）を求めてさらに科学技術が進歩する。

つまり、未来に向かって人間のエゴは肥大化する方向に進むが、それは逆から見れば、「辛抱（我慢）できない人間」が増えるということでもある。辛抱できない人間が増えれば、何が起こるかは容易に想像できよう。また、科学技術の進歩により「脳化」が進む。解剖学者の養老孟司《ようろうたけし》は、社会が進むと脳化も進むという「唯脳論」を唱えた。脳は神経を体の隅々にはりめぐらし、体中の情報を収集して体に起こることを予測し、統御・管理する器官であるが、これを外在化したのがコンピュータだ。

こうして社会が脳化することにより起こるのが、身体性の欠如である。ＩＴの進歩によるヴァーチャル・リアリティ（仮想現実）やメタバース（仮想空間）などをみれば明らかだろう。スポーツさえｅスポーツとなり、身体性は極限にまで無化される。しかし、人間は体を有するため、脳化が極度に進むと、どこかで大きな歪み（反動）がでると予測される。

脳化による身体性の欠如は「死の隠蔽（タブー視）」をも促進する。予測と統御を司る脳は予測と統御ができない死を忌避《きひ》するからだ。テレビなどで死体が映し出されることはないし、死を象徴する火葬場でさえ死は隠蔽される。そこで遺体を焼却しているのに、火葬場の待合室はまるでホテルのように設えられているからだ。また、エンバーミングという死体を生きているように処理する技術も発達した。しかし、人間は必ず死ぬ。「生まれて生きて死ぬ」のが人生の真相だが、最後の「死」だけを隠蔽しタブー視して、人生が充実するはずがない。

最後に、科学技術の進歩がもたらす負の側面は「神話の知（以下、これを「物語の知」と言い換える）」の否定である。現在、科学で証明できないものは否定される傾向にあるが、科学の知が物語の知を否定すれば、人間は精神的窒息状態に陥ると私は見ている。また、科学技術の進歩とは直接関係ないが、今後の社会を考える上で重要な概念が「多様性（diversity）」だ。ＳＤＧｓの考え方の基礎にも、多様性は重要な概念として存在している。

以上、今後の社会の方向性を特徴づける「自我の肥大化／身体性の欠如／死の隠蔽／物語の知の喪失／多様性の促進」などの問題を、仏教が培ってきた思想が解決する可能性を秘めていることを明らかにしよう。

①自我の相対化

●自我の肥大化と科学

ヨーロッパでは文芸復興（ルネッサンス）が起こり、一四世紀から一六世紀にかけて教権主義（神や宗教中心の世界観）から人文主義（人間中心の世界観）へと時代は大きくシフトしたが、それを支えたのが科学の発達であった。自我（エゴ）を押さえ込んでいた教権の重しが取れ、人間は自由を手にしたまではよかったが、その反面で自我は肥大化し、暴走を始めることになる。その結果、人間はますます傲慢になり、自らを神の座へと押し上げる。ハラリ［2016］は「あとがき」で、そのような人間をつぎのように皮肉る。

物理の法則しか連れ合いがなく、自ら神にのし上がった私たちが責任を取らなければならない相手はいない。その結果、私たちは仲間の動物たちや周囲の生態系を悲惨な目に遭わせ、自分自身の快適さや楽しみ以外はほとんど追い求めないが、それでもけっして満足できずにいる。

自分が何を望んでいるかもわからない、不満で無責任な神々ほど危険なものがあるだろうか。

このハラリの指摘が如実に示すように、人間は科学という武器を手に入れ、それを振りかざしては一時的にエゴを満足させるも、究極的には決して満足することがない。なぜ満足できないのか。それは「当たり前の基準」が引き上げられるからだ。我々は幸不幸のないプラスマイナスゼロを出発点（＝当たり前の基準）とする。そこから幸せを感じるためには現状に何かプラスしなければならない。これと呼応するように科学（技術）が発達する。

そしてプラスαを手に入れれば、我々は幸せを感じる。これで死ぬまで幸せを感じていられるなら問題ないが、現実はそうではない。時間の経過とともに、我々はその幸せに慣れてしまい、今度はそれが幸不幸のない新たなプラスマイナスゼロとなる。そして人間は新たな幸せを求め、それに応えるために科学（技術）がさらに発達する。このように、人間の欲望には際限がないので当たり前の基準は少しずつ上昇し、留まることがないのである。

つまり、社会が進むにつれて人間の自我（エゴ）は肥大化するようになっている。自我が肥大化した人間は、当然のことながら謙虚さを失う。自我が肥大化し謙虚さを失った人間が世の中に増えれば、どうなるであろうか。椅子取りゲームを例に取ればわかりやすい。たった一つしかない円の中心に置かれた椅子をめぐって、多くの人間（あるいは国や組織）が争奪戦を繰り広げることになるだろう。

では、これを避けるにはどうすればよいか。その方法は一つしかない。中央に置くべきは、椅子ではなく参加者全員が共通して大切にできるもの（理念）だ。これさえ見つかれば、それを中央に置き、参加者は全員その円周に出る。そうすれば、参加者がいくら増えても問題ない。円が大きくなるだけだからだ。どれだけ円が大きくなろうとも、全員が中央と同じ距離を保つことができる。しかし、このアイデアの最大の問題は「何を中央に置くか」だ。全員が共通して大切にできるものがはたして見つかるのか。

「神」や「仏」では宗教的に偏りがあり、万人が共通して大切と認めることは難しい。たとえば、「自然環境」はどうか。自然環境なくして人間は安心して地球上に住むことはできない。誰にとっても地球の自然環境は大事である。あるいは、「共生《きょうせい》」という理念はどうか。すべての人と人、あるいは人と自然が共生することを否定する人はいないだろう。無論これも「総論賛成／各論反対」で実現は難しいだろうが、世界平和を実現するには、人間中心主義を脱し、万人が共通して大切にできる〝何か〟を中央に据え、それによって人間を相対化する以外にはないだろう。困難ではあるが、その〝何か〟を模索する努力を怠ってはならない。

●無我による自我の相対化

このような人間の自我の肥大化に歯止めをかけられるのが、仏教の「無我」の思想である。では、自我の相対化を端的に示す「無我」について説明しよう。仏教思想の中心は縁起であると指摘したが、では縁起と無我はどう関係しているのか。

結論を急げば、両者は同義語と考えてもよいし、縁起から無我が導き出されると考えてもよい。さらに言えば、縁起と並んで仏教思想の核となる「空」は無我と同義語なので、空も縁起と同義語、ないしは縁起から導き出されたのが空とも言える。無我で否定される「我」は存在の「実体」の意味であり、人間にかぎったことではなく物質全体について言われるが、人間存在（人間も存在の一つ）の実体を否定する場合は、文字どおり「無我」

で理解してよい。

すべてを関係性の中に収めとる縁起思想によれば、存在Aはそれと関係している存在Bや存在Cとの関係性が変化することによって影響を受けるので、存在Aに永遠不変の実体はない、すなわち「無我」と考える。永遠不変の実体がないので中身は空っぽ、つまり「空」ということになる。

たとえば「私（平岡）」という人間は縁起的存在であり、両親・妻・子供などとの関係性（縁起）において存在している。私は両親から見れば「息子」、妻から見れば「夫」、そして子供から見れば「父親」というように、関係性に応じて役割（名前）が変わる。だから「私（平岡）」に永遠不変の実体はないし、永遠不変の実体がないからこそ、息子にも夫にも父親にもなれるのである。これが無我である。

さて「無我」の原語であるが、これは「アナートマン（anātman）」であり、「アートマン（ātman）」の前に否定辞「アン（an）」がついている。この否定辞を中国人は「無」と訳したが、「非」と訳すことも可能であり、むしろこの方が本来の意味を表しているとも言われる。つまり、アナートマンは「我が無い」ではなく、「非我＝我に非ず（我でない）」を意味するという。

「我々が考えている我は〝我ではない〟」、つまり「真実の自分はほかにある」と理解するのだ。話が複雑になるので、この「私（自分）」を「自己」と「自我」とに区別して用いることにしよう。つまり、「自己」とは「本来的な理想の自分」、「自我」とは「非本来的な現実の自分」と定義する。縁起思想に従えば、すべては他者との関係性（縁）によって起こるのであり、それ自体で存在しているものは何もない。つまり、我々は縁起という真理に貫かれ、紙の表裏のような関係で他者と関係して存在している。この本来の状態が「自己」だ。

しかし、人間は煩悩（執着）のせいで他者との関係を切り離し、自分だけで存在していると錯覚する。こうして本来性を失い、自分だけに執着している状態を「自我」と呼ぶ。仏教はその〝自我〟を否定して〝無我〟を説き、本来の〝自己〟を取り戻すことを説く。つまり、無我に徹しきったところに自己が実現するのだ。このように、自我は否定的、自己は肯定的な意味を持つが、これを価値中立的に表現する場合は「自分」と表現する。

では、ブッダの悟りを例にとりながら、ブッダ自身が自我から無我（＝自己実現）へと移行した経緯を整理する。当初、ブッダは自我を円の中心に置き、すべてを自分の思い通りにしようとした。しかし死の問題と対峙し、生と死は縁起の関係にあり、「生まれた者は必ず死ぬ」ことが不変の真理であることを覚ったブッダは、円の中心を真理（法）に明け渡し、自らは円の周囲に出た。つまり法によって自我を相対化し、円の中心から周囲に出た時点でブッダの自我は否定された。自我が否定されたブッダは無我に徹し、それと同時に無我と表裏の関係にある自己がブッダに現成した。

同様に、我々も円の中心に坐って何でも自分の思いどおりにしようとする自我を否定して中心を真理（法）に明け渡し（無我）、全員が真理を中心として円周上に出ることを仏教は説く。これがさきほど説明した椅子取りゲームの例だ。自我を振り回し、一つしかない円の中心に皆が坐ろうとすれば、そこには争いしか生まれない。自我がますます肥大化する方向に進む未来の社会で「無我」は必ず見直されるはずだし、またさまざまな方法でその重要性を説き、現代社会に警鐘をならす役割を出家者は担っている。

②身体性の復活

●脳化社会

身体性の欠如の理由はいくつかあるが、ここでは養老孟司の「唯脳論」を取り上げよう（養老［1989］）。唯脳論とは「ヒトの活動を、脳と呼ばれる器官の法則性という観点から、全般的に眺めようとする立場」と定義する。

進化論的に見れば、哺乳類が脳を大きくする方向（脳化の方向）に進化したことは明らかであり、脳という「物／構造」が大きくなれば、それにともなって「機能／作用」も複雑化する。ではどのように複雑化するのか。脳の機能は何か。それは体全体に神経を張り巡らせ、体を統御し管理する器官であると養老は指摘する。よって、脳化が進めば、脳は体およびその延長としての環境を統御し、支配しようとする。各国政府の政策をみれば、社会全体がその方向に進んでいることは一目瞭然であろう。

しかしながら、人間の体を含む〝自然〟は本来、統制不能である。医学など自然科学の発達により、我々の体については多くのことが明らかになってきているが、完全に統制することはできない。自然も同じく、自然災害に代表されるように、自身や天候はある程度予測できても、いつどこで何が起こるかを詳細に把握し、コントロールすることはできない。

だから脳は服を着ることで体を制御したと〝みなし〟、城壁で町を囲うことで、その内部にかんしては自然を支配下に置いたと〝みなす〟のである。西洋の中世では、城壁の外にある「森」がまさに人間の脳が統御できない「混沌」そのものだったことはグリム童話などで明らかだろう。そこは魔物や魔女の住む世界なのである（養老・楳図［1996］）。

こうして脳化が進むと、制御不能な体は抑圧され、身体性は欠如する方向に進む。たとえば、性と暴力は身体性を象徴するものだが、これは脳に対する明白な反逆であるから、脳は性と暴力を徹底的に「抑圧」ないしは「統御」しなければならない。それは体にかんする脳化の帰結であると養老は言う。脳化が体を嫌う理由は、脳が自らの身体性によって裏切られるからだ。脳はその発生母胎である身体性によって、最後には必ず滅ぼされる。それが死だ。だから、脳は死および死体をタブー視（隠蔽）する。

これについては次章で取り上げるが、少しだけここでこの問題に触れておこう。たとえば日本では、鎌倉時代および戦国時代は戦乱の世だったから、「九相図《くそうず》（九相詩絵巻《くそうしえまき》）」（人間の死体が腐乱する状態を九段階に分けて描いた仏教絵画）に代表されるように、死体は日常の身近なところにあった。しかし江戸時代になると、死体は社会から完全に排除されてしまうという。日本では江戸時代から「情報管理社会」が始まったと養老は指摘する（養老・楳図［1996］）。

この先も時代が進めば、脳化はますます進行し、それに呼応して身体性の欠如も進むであろう。しかし体を離れ、心だけで人間は存在しえない。身体性欠如の方向性には必ず「体を忘れるな！」という体の逆襲があるはずだ。

●仏教の修行

身体性の欠如にかんしては、仏教の修行がそれに対抗しうる。仏教が二五〇〇年以上の歴史を持ち、かつ時代性と地域性によって多種多様な修行を展開させてきたことは言を俟たない。まずは代表的な修行法として、初期仏教以来の八正道と大乗仏教で誕生した六波羅蜜があげられる。これ以外にも仏教は多様な修行方法を創出したが、その中でも中心を占める行はやはり禅定《ぜんじょう》（精神集中）であろう。これがブッダに悟りをもたらした行であるからだ。よってインド以降、禅定（坐禅）は行の中心であり続けた。

その禅定の発展系として、「止観《しかん》」という行がある。インドから中国を経て日本に仏教が将来されても、止観は重要な行だった。「止」とは「教えられた物事（法）に心を集中すること」、「観」とは「その物事を明瞭に見通すこと」を意味するが、これはきわめて高度な実践であり、特に中国の天台教学で重視された。

大乗仏教は多様な思想を誕生させたが、その中でも密教は特異な展開を遂げた。というのも、密教は仏教本来の思想とインドの土着宗教であるヒンドゥー教との混淆によって誕生したからだ。中国で密教を修得した空海は日本に戻って真言宗を開き、日本に密教を根づかせたが、天台宗の開祖・最澄も大いに密教の影響を受けた。その密教の代表的な修行に「三密《さんみつ》」がある。

仏教は人間の行為（業）をその身体的部位に従って「身（身体的行為）・口（言語表現）・意（思惟作用）」の三業《さんごう》に分けるが、「三密」はこの三業を前提とする行である。すなわち、手に印契《いんげい》を結び（身業《しんごう》）、口に真言や陀羅尼《だらに》を唱え（口業《くごう》）、心を三摩地《さんまじ》（三昧《さんまい》・精神集中）の境地に入らせる（意業《いごう》）ことをいう。これにより、我々の三業と仏（大日如来）の三業とが融通《ゆうずう》無碍《むげ》に融合し、成仏が実現されるとする。

また日本仏教で代表的な行と言えば、禅と念仏、それに題目などが挙げられる。さらに日本の山岳信仰と結びついた仏教は、千日回峰行に代表されるように「歩く」ことをも行ととらえるし、また行における自然との一体化も日本仏教の特徴だ。このように多彩な仏教の修行体系は身体性が欠如する方向に向かう社会にあって、身体性を復活させる起爆剤になり得るであろう。

●修行の意味

では、修行の意味を考えてみよう。脳化により身体性が欠如する社会において、仏教の修行論はそれを引き戻す力を持っているが、それは単に身体性を復活させるというのではない。そうであれば、仏教の修行論も一つの極論に過ぎなくなる。便宜上、人間を二つに分けるとすれば、精神と肉体、心と体の二要素に分解できるが、本来この二つは単純に腑分けできるものではなく、密接に結びついている。修行は両者を切り離し、身体性だけを強調するのではない。

三学（戒《かい》・定《じょう》・慧《え》）の体系がこれを如実に示している。つまり、戒律を保つことで心身を整え（戒）、それができればつぎに精神を集中し（定）、そして最終的に智慧を獲得する（慧）というように、最後に目指すべきは智慧の獲得、すなわち「心の変容」である。つまり身体性をともなう「戒」と「定」は「慧」という精神性の獲得の手段なのである。だから、仏教の修行は単に身体性を意識するというのではなく、その身体性が精神性と結びついているところにポイントがある。

ブッダは六年間の修行のすえ、真理に目覚めて「仏（目覚めた者）」となった。つまり形而上《けいじじょう》（言葉や表現を超絶した世界）にある真理の領域に悟入した。しかしこの段階でブッダは形而上にいるので、形而下《けいじか》にいる我々にはその世界に触れるすべがない。そこでブッダはその形而上の世界から降臨し、形而上の真理を形而下（形ある世界）に引き下ろした。それを「言葉」という媒体で表現したのが「教え」であり、「体」という媒体で身体技法化したのが修行（八正道《はっしょうどう》など）である。

こうして、それまで我々には閉ざされていた形而上の真理の世界に悟入する通路が開かれることになる。つまり、我々はブッダが説いた教えやブッダが定めた修行を実践することによって覚りの世界への道を歩み、覚りの世界へと悟入する。ブッダは形而上の真理を形而下に降ろしたのであるから、ブッダが説いた教えやブッダが定めた修行は、ブッダにとっては向下的である。一方、それを手がかりに形而下の世界から形而上の世界に悟入する我々にとって、修行は向上的となる（茶道などの「道」における「型」も同様の働きをするものと考えられる）。つまり修行とは、体への働きかけを通して精神の変容を惹起させる営みなのである。

心と体は別物ではない。またその影響関係も双方向的である。心で何かが本当にわかれば、その人の行動は変わるだろう。しかし、修行はこれとは逆のベクトルを持つ。つまり行動を変えることで真理をわかろうとするのだ。ブッダのように、いきなり真理を理解することはできない。そこで我々はブッダが形而上の真理の世界から引き下ろしてきた教えや修行を実践し、行動を変容させる（＝行動が変わる）ことで、真理を理解する（＝真理がわかる）のである（平岡［2016a］）。

ここにも仏教の強みがある。このような身体技法をうまく活用し、身体性の欠如に歯止めをかけるのも出家者の役割であろう。

③物語の創出

●娑婆世界を生き抜くために

人間は意味を求める動物である。しかし気がつけば、我々はこの世で人間として生活しているので、「この地域、この時代に人として生まれ、～をしよう」と、地域と時代と人生の目的を特定し、〝自らの意思〟で選択して人はこの世に誕生し、生活を始めたわけではない。もしもそうなら「生まれたこと／生きること」に意味を見出すのはきわめて簡単だ。その〝自らの意思〟を確認すればよい。ここにまず人生の不条理がある。一方的に産み出されれ（be born）、生きることを余儀なくされた人間は、意味を求めるがゆえに、主体的に生きようとするから悩む。

「意味／理屈」を求める人間にとってさらに厄介なのは、この世で倫理が一〇〇％機能していないことだ（もちろん、〇％でもない）。この世で、善人が必ず栄え悪人が必ず衰えるのなら、そこには「意味／理屈」が見出せるので、ある種の納得力が働く。「善いことをしたので報われる。悪いことをしたので罰せられる」というのは理屈が明快で、そこに生きる意味を見出すのも難しくないが、現実の社会で倫理が一〇〇％機能していないことは、毎日のニュースなどを見れば一目瞭然である。

仏教ではこの世間を「娑婆《しゃば》」と呼んだ。娑婆とは古代インド語の「サハー（sahā）」を漢字で音写したもので、「耐え忍ぶ」を意味する。つまり娑婆とは「忍土《にんど》」のことで、現代人のみならず古代インド人も、倫理が万能ではないこの世で苦に耐え忍びながら生きてきた。まさに娑婆を生きる我々の人生は不条理であり、残念ながら生きる条件は平等ではない。

このように、娑婆世界を生きる我々の人生は苦だが、それでも生まれた以上、そのような人生あるいは現代社会を生きなければならないとすれば、何が必要だろうか。ここでは、科学の知と物語の知という視点から考えてみよう。科学の知に多言は要しまいが、物語の知とは何か。臨床心理学者の河合［1992］を手がかりに考えてみる。

たとえば途方もない事故が起こった。なぜこんな事故が起こったのか。そのときに自然科学的な説明は非常に簡単です。なぜ私の恋人が死んだのかというときに、自然科学は完全に説明ができます。「あれは頭蓋骨の損傷ですね」とかなんとかいって、それで終わりになる。しかしその人はそんなことではなくて、私の恋人がなぜ私の目の前で死んだのか、それを聞きたいのです。それに対しては物語をつくるより仕方がない。つまり腹におさまるようにどう物語るか。

このように、自然科学の知（＝科学の知）は死の原因を説明するだけで、残された者の苦を癒すことはない。一方、物語の知は苦を腹に納める力、生きる希望を与える力を持つ。科学の知が我々の生活を豊かにし、人間にとって有意義であることは確かだが、人間に認識できるものしか認めず、物語の知を否定する〝科学の知万能主義〟は明らかに行き過ぎと言わねばならない。科学の知が物語の知を排除すれば、人間は「精神的窒息状態」に陥ると私は考える。では、物語の知がどのような力を持っているか。実際の事例から紹介しよう。

●物語の知の再評価

ではここで、あらためて科学の知と物語の知を対比してみよう。科学の知とは「客観性・論理性・実証性のある、信頼に値する知」、一方、物語の知とは「主観的かつ非論理的で、実証もできない、非現実的な知」と考えられるだろう。宗教に頼る人間は〝現実〟から逃避しているように見え、そのような人間には「もっと〝現実〟の生を直視せよ」という叱咤の声がかかりそうだ。

では、そもそも「現実（の生）」とは何か。歴史学者のハラリ［2016］は「純粋な科学的視点から言えば、人生にはまったく何の意味もない。人類は、目的も持たずにやみくもに展開する進化の過程の所産だ。（中略）人々が自分の人生に認める意義は、いかなるものも単なる妄想にすぎない」という。「経済発展すれば人は豊かに暮らせる」というのも虚構（物語）に過ぎず、何ら客観的根拠はない。

私も「人生には本来、何の意味もない」と考えている。しかし、だからこそ、自分の人生を意味づける物語が必要となる。ブッダのような人生の〝達人〟、あるいはニーチェのような〝超人〟に物語は必要ない。彼らは何の理由づけもなくすべての苦難を受け入れ、それを乗り越えていくことができるからだ。しかし、そのような人生の達人はごく一握りであり、ほとんどの人間は人生の小さな石に躓《つまず》き、自分の人生を呪い、恵まれなかった才能をいつまでも恨む。人生は決して平等ではなく、不条理に満ちている。

また善人が報われないこともあり、悪人だからといって必ずしも罰を受けるわけではない。そのような不条理な人生をなんとか生き抜いていく方法、それは「生きることの意味」を自分で創造するしかない。つまり、納得のいく〝物語〟を自ら作ることだ。ここに物語の知の存在意義がある。

ではなぜ物語でなければならないのかを、脳科学の視点から考えてみよう。我々は他者が悲しんでいたら自分も悲しくなり、他者が喜んでいたら自分も喜びを感じる。つまり共感できる能力を持っているが、その理由は「ミラーニューロン」で説明することができる（イアコボーニ［2009］）。

ミラーニューロン（鏡のような神経細胞）とは、自分がある行動をしているときに活性化するニューロンでありながら、その行動を他者がしているのをただ見ているときにも同じように活性化するニューロンのことだ。つまり、ミラーニューロンとは、他者の行動を自分の脳内で「鏡」のように映し出す神経細胞を言う。手をあげている人を見れば、自分が手をあげたときに発火する脳の部分が活性化する（これは「聞く／読む」も同様）。さらに驚くべきは、このミラーニューロンが他者の〝行動〟のみならず、その行動の〝意図〟までも識別できるという点だ。

この仮説が正しければ、自分が実際に行動しなくても、それを見、それを聞き、あるいはそれを読むとき、その行動を脳内で模倣し、その行動を疑似体験していることになる。ここに、抽象的な教えではなく、物語でなければならない理由がある。抽象的な教えでは模倣が働きにくく、疑似体験も起こりにくい。物語にすることで脳がそれを模倣し、模倣することで疑似体験が起こり、疑似体験が起こることで脳の定着がよくなる。だから、物語は人間の行動を変容させる力を持っているのではないだろうか。

イアコボーニはこのような状態を表現するのに、しばしばメルロ＝ポンティを引用し、「他人の意図が私の身体に住み着き、私の意図が他人の身体に住み着くようなもの」、あるいは「私は他人の表情の中に生きている。と同時に、相手が私の中に生きているのを感じる」と述べている。

●科学の知と物語の知の統合

では、我々は娑婆世界で不条理な人生を生きていくのに必要な二つの知をいかに統合すべきか。その好例を、まずは随筆家である白洲正子《しらすまさこ》の例から紹介する。白洲正子は日本のかくれ里を旅し、その地方に伝わる伝説を紹介しながら随筆をまとめているが（白洲［1971］）、その中で彼女はこう述べる。

「私は、すべての伝説を鵜呑みにするほど正直者ではないが、すべての伝説を否定するほど「科学的」にはなりたくない」

さらにつぎの例は、科学の知と物語の知とを統合（止揚）させた一つの典型例といえる。澁澤・宮［1999］は絵画に基づいて地獄を解説した書だが、その冒頭の「はじめに」で、宮次男《みやつぎお》はつぎのように指摘する。

「ウソをつくと閻魔様に舌を抜かれますよ」というウソを本当だと思って、恐れおののく子供心には美しい真実が秘められて貴いが、やがて、この子供は「地獄なんてあるものか、馬鹿げた話だ」と思うようになり、それだけ成長してくるわけだが、さらに、「地獄は自分の心にあり」といって、自らを慎み、戒める大人になる。

科学がこれだけ発達し、その恩恵をこれほどまでに被っている以上、科学の知は否定できない。しかし物語の知を全面的に否定すれば、人間は精神的窒息状態に陥る。不条理な娑婆を生き抜くために物語の知は必要不可欠だが、今さら中世以前に戻ることもできないし、戻る必要もない。とすれば、将来に向けて我々が取るべきスタンスは、二つの知の統合以外にない。

問題の本質は「科学の知」ではなく、ともすれば「科学万能主義」に走ってしまう人間の側にある。仏教の典籍は物語の宝庫であり、物語の創造にさまざまなヒントを与えてくれる。物語の知は不条理な人生を生き抜く力を与えてくれるのであるから、出家者は科学万能主義には警鐘を鳴らし、物語の知の重要性を発信していく必要がある。

④多様性の促進

●相入と相即

仏教の根本思想は縁起である。これはすべてを関係性の中に収め取る思想だ。紙の表と裏のように、裏は表を支え、表は裏を支え、互いに支え合って存在している。したがって、縁起思想には一方が上で多方が下という上下関係は存在しない。また表と裏も絶対的に決まっているわけではない。A面を表とすれば、B面が裏になるが、見方を変えてB面を表とすれば、逆にA面が裏になる。このように、仏教の根本思想は縁起であるから、柔軟な発想を可能にする。融通が利くのだ。

セム系の一神教はユダヤ教・キリスト教・イスラム教の三つだが、いずれも絶対的な神を立て、また神の言葉は絶対であるから、その神の言葉の集成である聖書の文言は変えることができない。だから「クローズドキャノン（閉じた聖典）」と呼ばれる。

一方、仏教は「仏（真理に目覚めた人）」を「ブッダ」に限定せず、誰でも仏に成りうるので、その言葉を絶対視しない。言葉は基本的に「覚りのための手段」ととらえるので、仏教の経典は「オープンキャノン（開いた聖典）」と呼ばれる。ここだけ見ても、仏教は多様性に開かれた宗教であることが分かるだろう。

聖書の解釈に齟齬《そご》が出た場合（たとえばA／B／Cの三説）、キリスト教では公会議を開き、その正統性を議論した。その結果、かりにA説が正統と認められれば、残りのB説とC説は異端として排斥される。つまり、白黒を明確にするのがキリスト教だ。一方、仏教でブッダの教えに齟齬を発見した場合、キリスト教のように仏教界全体として統一見解を決めることはなかった。仏教は対機説法《たいきせっぽう》（相手に応じて法を説く）なので、表現上は矛盾する言説が見られることもある。

その場合、仏教徒は「ブッダは嘘をつくはずがない」ことを前提に議論し、了義《りょうぎ》（文言のまま受け取ってよい説）と未了義《みりょうぎ》（文言のまま受け取ってはならない説）とに分けて考えた。つまり「未了義説は、何か特別な意味（密意《みっち》）を込めてブッダはそう説かれたのだ」と解釈し、その密意を探る努力も惜しまなかった。どちらを了義にし、どちらを未了義にするかは部派によって異なり、それをめぐって部派間で論争はしたが、仏教界の統一見解は決めなかった。こうして異説は横に並んでいく。

キリスト教はわかりやすい反面、排他的であり、仏教は寛容な反面、曖昧性が払拭できない。単純にどちらが「善い／悪い」という話ではないが、多様性という点では仏教に利があるだろう。ではその多様性を理解するために、その一例として中国の華厳宗で創出された縁起説の一展開である「相入《そうにゅう》」と「相即《そうそく》」を説明しよう。まずは「相入」から。

相入を説明するには「共済」という考え方がわかりやすい。共済とは参加者が少しのお金を出し合い、何らかの不幸に見舞われた人に、ある一定の大きな金額が支払われる仕組みだ。不幸に見舞われた人はそのほかのすべての人々に支えられるし、また立場が変われば、今度はその人が他者を支える側に回る。まさに「一入一切・一切入一」の世界だ。一人の働きが一切の人に入り、また自分が困ったときは一切の人の働きが自分一人に入ってくる。

日本の融通念仏宗もこの華厳教学の相入に基づいた念仏を説く。これは天台宗の僧侶・良忍《りょうにん》が提唱した念仏だ。すなわち、自分の称える念仏が一切の他者に功徳を融通し、また一切の他者の称える念仏が自分に融通されるという考え方である。念仏の共鳴共振とも言えよう。

つぎに「相即」を考えてみよう。部分と全体を考える場合、ある部分を「主」とすれば、そのほかの部分はすべて「従」となる。しかしこれは固定されてはいない。別の部分が「主」となれば、さきほどまで「主」だった部分も含め、ほかの部分がすべて「従」となる。すべての部分が「主」を主張すれば全体は成り立たないし、逆にすべての部分が「従」になれば全体は消滅する。

これを野球の打順で考えてみよう。一番打者が打席に立てば（主）、それ以外の打者はベンチで応援する（従）。しかし、つぎに二番打者が打席に入れば、それ以外の打者は一番打者も含めて主役の二番打者を応援する。こうして平等に打者（主役）が入れ代わり、それぞれが順次、主と従との役割を果たす。全員が打席には入れないし、誰も打席に入らなければ試合は成立しない。個別の打者（一）はそれぞれの打順に応じてチーム（一切）を代表し（一即一切）、またチーム（一切）があるからこそ個別の打者でありうる（守備で考えても同じ）。

こうして、それぞれが主と従とを適切に演じれば安定や調和が生まれるが、すべてが同時に主や従を主張すれば、安定や調和は容易に崩れてしまう。これが部分と全体の相即関係だ。以上、華厳教学の縁起にかんする一面のみを取り上げて解説したが、以上から、仏教が多様化と親和性があることが理解できよう。

●曼荼羅という世界観

その多様性を視覚的に表現したのが曼荼羅《まんだら》だ。仏教の多様性はここに極まると言っても過言ではない。

曼荼羅と言えば、密教の胎蔵界《たいぞうかい》曼荼羅と金剛界《こんごうかい》曼荼羅が有名だが、ここでは大日如来を中心として、数多の仏・菩薩が見事な景観で配置される。また二つの曼荼羅も紙の表と裏のように優劣や上下があるわけではない。空海は「金胎不二」とし、二つを一体的に理解する。

本来、曼荼羅は仏菩薩を一定のパターンに配置して仏教の思想を図示したもので、当初は諸仏の集会を鳥瞰《ちょうかん》的に描いた「叙景《じょけい》曼荼羅」だった。しかし、正六面体を開いた方形の外郭構造が顕れ、幾何学的なパターンを持つ曼荼羅が出現した。これが両界曼荼羅だが、日本では時代が下るにつれて先祖返りし、再び鳥瞰的な風景描写を持つ日本独自の曼荼羅が登場する。その典型例として浄土系の曼荼羅を紹介しよう。

これは奈良県の當麻寺《たいまでら》にある當麻曼荼羅であり、浄土曼荼羅を代表する作品として有名だ。中央に配される主尊は、もちろん阿弥陀如来である。これは単に極楽浄土の景観を描写するだけでなく、『観無量寿経《かんむりょうじゅきょう》』に基づき、ブッダが阿弥陀仏の信仰を説く機縁になった物語や、浄土を観想する方法（十三観）、さらには浄土往生のための方法（九品《くほん》往生）も合わせて描いている点が特徴だ。當麻曼荼羅は、観無量寿経変相図が日本に伝えられて曼荼羅と呼ばれるようになったものである。

つぎに、『法華経』に基づく「法華曼荼羅」を取り上げる。法華曼荼羅は胎蔵界曼荼羅と同様に八葉蓮華が配され、『法華経』で説かれる釈迦如来と多宝《たほう》如来が並坐する多宝塔を中心に描かれる。『法華経』は『妙法蓮華経』の略だが、この「蓮華」は「白蓮華《びゃくれんげ》（プンダリーカ）」であるから、八葉蓮華も白く描かれる。

このように、密教化した法華経信仰を批判し、『法華経』への回帰を主張したのが日蓮であり、十界曼荼羅を創始した。その最終形に辿り着くには紆余曲折があるが、その完成形は、中央に「南無妙法蓮華経」という題目が位置し、その周囲に漢字や梵字で記された仏・菩薩・仏弟子などの名前が布置される。日蓮はかつて比叡山で天台密教を学んでいたので、曼荼羅の心得があった。これとは別に、六道輪廻《ろくどうりんね》（六凡《ろくぼん》）に声聞《しょうもん》・縁覚《えんがく》・菩薩・仏（四聖《ししょう》）をプラスした十界を描く十界曼荼羅もある。

曼荼羅は仏教のみならず、神道にも影響を与えた。日本の神は本地である仏菩薩が衆生を救済するために垂迹《すいじゃく》（仮の姿を現したもの）したという本地垂迹説が産み出されたが、これに基づく曼荼羅を垂迹曼荼羅という。たとえば、両部神道《りょうぶしんとう》では、伊勢内宮の祭神である天照大神を胎蔵界の大日如来、伊勢外宮の豊受大神《とようけのおおかみ》を金剛界の大日如来とし、この内宮（胎蔵界）と外宮（金剛界）の両部が一体となって、大日如来の顕現である伊勢神宮を形成していると考えられた。さらに曼荼羅は、山岳信仰と密教が集合した修験道にも影響を与えたが、これについては説明を省略する。

●共存から共生へ

多様性の実現には「共生」が必要だ。共生とは「縁起」の言い換えと考えてもよい。上下や優劣を持ち込まずに自己と他者との関係性を考える仏教の縁起思想はこれからますます重要になってくる。では、共生を実現するには何が必要だろうか。それは「自我の相対化」だ。個々人が「我」を主張すれば、共生はすぐに崩壊する。だから各自が自分自身を相対化することが共生の必須条件と言えよう。自我の相対化については、①で詳説したとおりである。そこで本節では、これに基づき、世界平和をいかに実現するか私の妄想を少し書き連ねてみよう。

さきほど本章で言及した「椅子取りゲーム」がわかりやすい。自分の国こそ世界の中心と言わんばかりに、各国はたった一つの中心を目指して覇権を争う。力尽くで中心の椅子を奪っても、それに敗れた国はつぎの機会を虎視眈々と狙うので、安閑としていられない。これでは、すべての国が心安らかに暮らしていくことはできない。これを回避するには、一つの方法しかない。それはすべての国が共通して大事にできる価値観を円の中心に置き、すべての国が円周上に出ることだ。こうすれば、国（参加者）はいくら増えても問題ない。円が大きくなるだけで、円の中心と円周とはどこにいても等距離となるからである。

理屈は簡単だが、この妄想の欠点は「中心に置くべき共通の価値観」を探すのが難しいことだ。仏教なら「仏／法」、キリスト教なら「神／愛」を置けばいいが、〝世界共通の〟となると至難の業である。「自然」あるいは「共生」などはその有力な候補となりうる。

この共通の価値観を模索することが、世界平和の鍵となるに違いない。世界の各国が中心に据えるべき共通の価値を本気で模索するようになれば、私の妄想は単なる〝妄想〟ではなく、実現すべき〝理想〟へと昇華するだろう。

最後に「共生」の特徴を明確にするために、類似の概念である「共存」と比較してみよう。結論をさきに言えば、共存は「足し算」、共生は「掛け算」だ。要はAとB、あるいはAとBとCとの間に有機的な関係があるかないか。なければ、それは単なる足し算で、共存の状態である。喧嘩するよりはいいが、相手のことにかんしては「我関せず」の態度である。一方、共生は互いが互いを「なくてはならない」ものと認識し、自分がないものを他者が補い、他者がないものを自分が補う相互互恵的な関係である。

この関係では、部分は全体の中で相対化されるが、そうかといって部分は全体に埋没し、没個性化するのではない。ここではこれを、ラグビーで有名になったOne for All, All for Oneでさらに確認してみよう。この本来の意味は「一人は皆のために。皆は〝一つの目標〟のために」という意味らしいが、ここではあえて誤解されている「一人は皆のために。皆は一人のために」で理解してみよう。全体が部分を支え、部分が全体を支える、これが華厳縁起の「相即相入」である。

さきほど見た曼荼羅も参考になる。主役を演じるのは大日如来だけではなかった。立場を変えれば、仏以外にも菩薩を主尊とする曼荼羅もあれば、明王を主尊とする曼荼羅もあった。そしてその主尊に応じて、脇を固めるメンバーもそれぞれ配置をかえる。これぞまさに多様性の典型例ではないか。仏教はここにも将来の社会を考える上での重要な思想を秘めていると言えよう。

第七章　葬式の再建——弱みを強みに変える

葬式仏教や戒名が批判の対象となって久しい。その一方で、僧侶はそれを真摯に受けとめ、改善に努力してきただろうか。そのような努力を重ねる出家者がいる一方で、大勢としては旧態依然とした状況に大きな変化はなさそうだ。本書で提示した改革には時間と手間がかかるものもあるが、批判の対象となり、注目を集めているだけに、その葬式仏教を改革・改善すれば、世間の認識も変わるだろう。本章では葬式仏教の問題点およびその改革について考えてみたい。

●死を意識してこそ充実する生

最初に、仏教や宗教を持ち出さずとも、死を意識することが生を充実させるということを、いくつかの事例から確認してみよう（平岡［2018］）。

生花を美しいと感じても、造花を美しいと感じることは少ない。なぜか。造花は枯れないからだ。一方、生花はいつか枯れてしまうから、今、咲く花の美しさは一瞬かぎりであり、二度と経験できないという思いが花を美しく感じさせる。桜の花はその典型であろう。三月ともなればテレビやネットで桜の開花予想が流れ、人々は毎日その情報をチェックする。なぜか。今を逃せば、桜は散ってしまうからだ。一年中桜が満開なら、開花予想は必要ないだろう。このように、死は生を際立たせる働きを持つ。食道ガンで死を宣告された詩人の高見順《たかみじゅん》の詩「電車の窓の外は」を見てみよう。

電車の窓の外は　光りにみち　喜びにみち　いきいきといきづいている
この世ともうお別れかと思うと　見なれた景色が　急に新鮮に見えてきた（後略）

「見なれた景色が急に新鮮に見えてきた」理由、それは死ねばもうその景色は二度と見られないからだ。死を意識してこそ、現在の生が充実するという逆説がここにある。死なない人間に「今を充実させよう」という努力は必要ない。死なないのだから、努力するのは〝今〟でなくてもよい。死は人間にとって大いなる恐怖だが、死から目をそらさず、しっかりと死を自覚することが「今」という瞬間を充実させ、その積み重ねが「一生」の充実をもたらす。死は〝永遠の今〟を際だたせる。

「死んでも死にきれない」という慣用表現がある。辞書的には「あまりに残念で、このままでは死ぬことができない」という意味だが、ここではあえて「〝死ぬ〟ことはできても、〝死にきる〟ことはできない」と解釈してみよう。では、〝死にきる〟とは何を意味するのか。「〜きる」とは「お金を使いきる」のように、「完全に〜する」を意味するので、〝死にきる〟とは「完全に死ぬ」を意味する。では「完全に死ぬ」とは？　それは〝生ききる〟と表裏の関係にある。つまり、完全燃焼して生ききった人だけに、死にきることが許される。後悔することなく自己の人生を充実させた人、つまり生ききった人のみが真に死にきれるのだ。

〝死ぬ〟のは簡単だ。生まれれば、いつかは死ぬ。放っておけばよい。死ぬのに特別な努力は要らぬが、〝死にきる〟ことは容易ではない。死を直視して、今という瞬間を充実させ、〝生ききる〟ことが必要となるからだ。したがって「〝死ぬ〟ことはできても〝死にきる〟ことはできない」とは、「肉体的には〝死ぬ〟ことはできても、精神的な意味で〝死にきる〟ことはできない」という意味になる。「もうこれ以上は生きられない」ほど人生を充実させた人に、「もっと生きたい／もっとああすればよかった」という後悔はない。「生ききった（＝完全に生きた）」のであるから。

これを見事に映画化したのが、巨匠・黒澤明《くろさわあきら》の『生きる』ではなかったか。主人公（志村喬）は役所勤めの公務員として毎日書類に判を押すだけの、まさに〝判で押したような〟凡庸な生活を送っていたが、胃癌で余命幾ばくもないことを自ら覚るや、最後は住民の意を汲んで公園作りに命を燃やし、みごとに完成させた。ここに宗教色は一切ないが（葬式の場面は除く）、死を意識することで生を充実させる理想的な生き方が見事に描かれている。

主人公は胃がんを宣告された直後は自暴自棄になったが、紆余曲折した後、最後の最後は自分の死と正面から対峙し、まさに自分の人生を生ききった。それは最後の夜、自分が尽力してできあがった公園のブランコに乗り、雪が降る中、幸せに満ちた顔で「命短し恋せよ乙女」を口ずさむ場面が如実に物語っている。まさに名作にふさわしい映画といえよう（平岡［2016a］）。

以上の用例から、特別に宗教を持ち出さずとも、生を充実させるには死を意識することが重要であることが理解される。

●人称別の死

キリスト教と比較した場合、仏教の特徴は闡明になる。その一つが生と死の問題だ。キリスト教を代表する宗教行事はクリスマスや結婚式であるのに対し、仏教を代表する宗教行事は葬式や死者の年忌法要であろう。まさにキリスト教の「生（明）」に対し、仏教の「死（暗）」という対比である。それほどまでに仏教と死の結びつきは強固であり、払拭できないほどであるが、払拭する必要はない。

さきほどみたように、生を充実させるには死を意識することが重要であるから、これからも仏教は正々堂々と死を説くべきであるが、従来のままでは大いに問題がある。とくに日本の葬式仏教は大いに問題だ。その問題点をあぶり出すために、まずは「人称別の死（体）」という観点から死を眺めてみよう。これについては、フランスの哲学者ジャンケレヴィッチや解剖学者の養老孟司などが取り上げている。ではジャンケレヴィッチ［1978］から紹介しよう。

まずは一人称の死だが、これは「私の死」を意味する。「〝誰かの〟死ではなく、いかなる他者の死にも似ていない模倣不可能な死」である。第一人称の死は、「死ぬ」という動詞を過去形や現在形ではなく、未来形でしか表せない。ジャンケレヴィッチはこれを「死」と「意識」の〝かくれんぼ〟で巧みに表現する。私の意識があるところに死はないし、死があるときに私の意識はもはや存在しない。死と意識とはスイッチの働きによるかのごとく、互いに追い払い斥けあう。その意味で、我々は死を経験できない。経験したときには、もうすでに死んでいるからだ。

ではつぎに、三人称の死を考えてみよう。これは第三者の死であり、乱暴な言い方が許されるなら、「その他大勢の死」である。ニュースを見れば、死亡記事がない日はない。誰かがどこかで死んでいる。外国で行われている戦争がもたらす死、他府県で発生した殺人事件や事故による死、また事件や事故でなくても、毎日誰かがどこかで死に、葬儀が行われている。

そのようなニュースを見れば、場合によっては悲しみや心の痛みを覚えることもあるが、それは一時的であり、一晩寝れば忘れてしまうような死である。三人称の死の特徴は、昨年一年の交通事故死亡者数とか戦争の犠牲者数など、数値化されることだ。彼の言葉を借りれば、「抽象的で無名の死」であり、「問題提起はするが、神秘学の領域には属さない」死である。これを一人称との対比で示せば、「三人称の死が平静の原理なら、一人称は疑いもなく苦悶の源泉」であり、「三人称が無名性なら、一人称は悲劇の主体性」であるという。

これに対し、二人称の死とは「あなたの死」であり、敷衍すれば「私の大切な人の死」ということになる。ジャンケレヴィッチは「哲学的な経験として残るのは第二人称の死、つまり身近なひとの死です。……　この死は私の死でないにもかかわらず私の死にもっともよく似ています」といい、二人称の死の重要性を説く。

彼によれば、二人称の死は三人称と一人称の間に存在する中間的で特権的なものであり、「親しい存在の死は、ほとんどわれわれの死のようなもの、われわれの死とほとんど同じだけ胸を引き裂くものだ。父あるいは母の死はほとんどわれわれの死であり、ある意味では実際に我々自身の死だ」、あるいは「われわれは親しい者の死を自分自身の死のごとく生きる」とさえ指摘する。

そして最後に、「〝あなた〟の哲学が、ここでは〝わたし〟の哲学に肩を貸すことができる」という。ここでの「〝あなた〟の哲学」は「二人称の死」、「〝わたし〟の哲学」は「一人称の死」に置換可能だろう。ほかにもジャンケレヴィッチ［1995］は、二人称の死が三人称の死と一人称の死の接点として交わる大切な経験であり、その死は私を内側から揺り動かすとも指摘する。このように、二人称の死は一人称の死を考える上で極めて重要な意味を持つ。

作家の柳田邦男も次男が自死を図って脳死状態になり、脳死とは何かについての論攷をまとめた中で「二人称の死」の重要性を指摘している（柳田［1995］）。

●人称別の死体

養老孟司も同じ視点に立ち、解剖学者らしく「人称別の死体」を説く。死は曖昧で抽象的な概念だが、死体は一種の物体であり、具体的かつ客観的であるから、彼は具体的な死体を通して抽象的な死を語る。長年、解剖に携わってきた養老は、死体に三種類あることに気づいた。「ない死体」「死体でない死体」「死体である死体」であるが、これは見事に人称別に整理できる。つまり、「ない死体」は一人称、「死体でない死体」は二人称、そして「死体である死体」は三人称である。では順番にみていこう。

一人称の「ない死体」は、「私の死体」であり、これは言葉としては存在するが、自分は死んでいるので、見ることはできない。だから「ない死体」だ。もちろん、私以外の人にとっては存在しているが、当人にとっては認識できないという意味で「ない死体」なのである。よって、「私の死体」は概念としてしか存在しないことになる。

説明の都合上、つぎに三人称の死を取り上げる。これは自分とは直接関係のない「アカの他人」の死体であり、我々は第三者としてそれを「死体」と認識することができるから、「死体である死体」ということになる。すでに説明したように、身体性の欠如によって、第三者の死体を実際に見ることはないが、テレビを見ても、観念的あるいは概念的にブルーシートの向こう側には「死体がある」と予測できる。

この二つの死体に対し、養老も二人称の死体の重要性を指摘する。それは「死体でない死体」だ。ここでも「二人称」とは単に「あなた」というに留まらず、「自分にとっての親しい人／かけがえのない人」を意味する。ジャンケレヴィッチは親族を念頭に置いていたが、親族以外でも、親友・恩師なども二人称の中に含めてよい。そのような人の死体は「単なる死体ではない」という側面がある。

養老は自らの体験談から一つの例を挙げる。生前に献体を表明されていた彼の先生が亡くなり、自らの遺体を献体されたが、さすがに学生たちはその死体を解剖することに抵抗があったという。学生にとって、その先生の死体はまさに「死体でない死体」ということになる。

こうして養老は二人称の死体の重要性を指摘する。つまり、「二人称の死」というのは、いわゆる抽象的な「死体」とは別のものであり、我々がもっともわかる「死」、悲しみなどの感情をともなって見つめる「死」は、この二人称の死であるという。

さてここで死体のことを話題にしたので、「死体」と「遺体」の違いから、さらに二人称の死について考えてみよう。辞書的に言えば、「死体」とはそれを物体として客観的に表現したものであるのに対し、「遺体」とはそれに人格を認めて主体的に表現したものということになる。これとは別に、ここでは「遺言」という言葉にヒントを得て、「遺体」のさらなる意味を考えてみたい。

「遺」の訓読みは「のこす」である。遺言が「言葉を遺すこと」であるなら、「遺体」は「体を遺すこと」とも解釈できる。つまりその「体」は単なる「死体（物体）」ではなく、死者が遺したメッセージ（人生最後の教材）そのものなのだ。三人称の死体は文字どおり「死体」だが、二人称の死体は「遺体」であり、死者からの重要なメッセージが込められている。そこから、どのようなメッセージを読み取るかは遺族次第だが。

やや脇道にそれるが、その意味では「遺品」も同じだ。フリーライターの堀香織は、幼少期に離婚して以来、別居状態にあった父の訃報を昨年知らされ、父の遺品を引き取って、葬儀を行った体験を綴っている。その遺品の中に、離婚して別居する父の健康と幸せを祈って手渡した中一時代の自分の手紙を見出し、遺品を通じて父との「出会い直し」をしているという（堀［2023］）。遺品は結果として〝遺った品〟でもあるが、遺族へのメッセージを込めて死者が〝遺した品〟でもある。

以上、ジャンケレヴィッチと養老孟司の所論に基づきながら、人称別の死（体）について考え、いずれも二人称の死（体）が我々にとって重要であることが確認された。

●方便としての葬式

確かに葬儀の執行そのものは仏教の本来的な活動ではない。仏教はあくまで己と厳しく対峙し、修行を通じて心を変革し、苦からの解脱を目指すことを目的とする。これが建前であるが、建前には本音がつきものだ。世俗を捨てて出家し、修行に専念するためには、在家信者の物質的あるいは経済的援助、つまり衣食住にわたる布施が必要だった。よって、在家信者のために祈祷・祈願も行ったし、呪術にも関わった。また在家信者の葬儀にも関わったであろう。

さきほど指摘したように、古来より日本には死穢の恐れが強かったが、仏教の呪力はその死穢の恐れを取り除くのに絶大な力を発揮し、除災招福・現世利益・祖先崇拝にも効力が認められ、国家仏教として根づいていったが、鎌倉時代になると、仏教はようやく庶民に浸透する時代を迎える。国家仏教から民衆仏教への転換だ。

仏教の理想は悟りを開いて苦から解脱することであるが、多くの民衆が仏教に求めたのは、その呪力をもって除災招福をもたらすとともに、死者の魂を浄化し、現世利益・祖先神を教化することだった。そのような願いに応えることができたために、仏教は日本に根づいた（鈴木［2013］）。

このように、人々の切実な願いや心の呻きに応えて講じられる、人々を救う手段、人々を安んじる方策を、仏教では「方便」という。とりわけ人々を安んじるのに優れた手段のことは「善巧方便《ぜんぎょうほうべん》」というが、日本の葬式仏教は、日本人の心を安んじるために方便の力が発揮されて形作られたブッダの直説（正法）に他ならず、日本の仏教者は方便の力を見事に活用して、葬式仏教という日本向けの処方箋・治療薬を産み出したと鈴木は結論づける。かといって、鈴木は手放しに日本の葬式仏教を肯定しているわけではなく、人々の心の呻きに応える教えを説けるよう、方便の力を磨く必要があるとも指摘する。

以上を踏まえ、日本の葬式仏教の問題点を考えてみよう。キーワードは「方便」である。「方便（権）」は常に「真実（実）」とセットで用いられる。方便を説く代表的な大乗は『法華経』であるから、その記述に基づき紹介しよう。まず取り上げるのは、第三章の「譬喩品《ひゆほん》」であり、「火宅《かたく》の喩え」によって方便が説明される。

ある長者には三人の息子がいた。彼らは家の中で遊んでいたが、その家が火事になっているのにも気づかず、家の中で夢中に遊んでいる。その息子を救い出すために、父である長者は一計を案じた。それぞれの子供が好きな玩具の車で家の外に誘い出そうとしたのである。つまり長男には羊車、二男は鹿車、そして三男は牛車で誘い出し、出てきた三人には、それよりもはるかに素晴らしい大白牛車《だいびゃくごしゃ》を与えた。

このように、羊車・鹿車・牛車を与えると言って誘い出し、実際はそれとは違う車を与えたのであるから、父は嘘をついたことになる。しかし、最初から大白牛車を見せれば彼らは興味を示さず家に留まり、焼死していたであろうから、その嘘は子供を救出し、また真に立派な車（真実）を与えたのであるから、そのような嘘は方便として許されることになる。

「嘘も方便」とはこの話に由来するが、〝単なる嘘〟と〝方便たりうる嘘〟は厳密に区別されなければならない。この譬喩のように、「方便たりうる嘘」は真実と繋がり、真実に導くためのものでなければならないのだ。そうでない嘘は単なる嘘に過ぎない。これを確認するために、もう一つの方便の用例を同じ『法華経』から紹介しよう。これは第七章「化城喩品《けじょうゆほん》」に説かれている。

隊商主が隊商を率いて旅に出るが、その途中で大きな森林荒野が現れ、それをみた商人たちは引き返そうとする。そこで隊商主は神通力で都城を化作《けさ》し（化城）、まずはその都城まで行くよう彼らを鼓舞した。「あそこまでなら何とか行けそうだ」と隊商は力を振り絞ってそこに到着したが、それは化城であり、実際に城はなかった。がっかりする隊商に、隊商主はまたその少し先に別の都城を化作して、隊商を励まし、またそこへと導く。これを何度か繰り返して、隊商主は隊商を見事に最終の目的地へと導いた。

化城を見せて、「あそこに城がある」というのは嘘である。しかし、そうでもして隊商を鼓舞しなければ、隊商は森林荒野の真只中で全滅していたであろう。嘘ではあるが、化城を見せるという方便により、真実のゴールに導いたのであるから、この場合の嘘は立派な「方便」、つまり善巧方便たりうるのである。

●葬式仏教の問題点

では方便の意味が明らかになったところで、葬式仏教に対する私見を述べる。鈴木［2013］が指摘するように、葬式仏教は方便として機能する可能性を持っているが、葬式仏教が方便であるためには、それが「真実と繋がり、真実に導くためのもの」として機能していなければならない。では、この場合の「真実」とは何か。それは「遺族の悟り」である。日本古来の先祖観からすれば、葬送儀礼は第一義的には「死者に対する儀礼」である。しかしこれが方便であるためには、それが「生者（遺族）に対する儀礼」になっていなければならない。

さてそこで「真実」である「生者（遺族）の儀礼」に入る前に、「方便」である「死者に対する儀礼」について少し説明しておく。葬送という儀式は死者に何をもたらすのか。第三章で見たように「中有」を前提にすれば、それは大乗仏教の利他の精神に基づき、次の生に再生するまでに死者に「仏縁」を結ばせることにある。この仏縁の中身は宗派によってさまざまだ。たとえば、葬式によって死者を一気に「成仏」させると考える宗派もある。

念仏往生を旨とする浄土宗は念仏を称えることを往生の要件とするが、では念仏を称えずに亡くなった人は葬式に出席する僧侶や親戚・縁者の回向で往生するのか。しないのであれば葬式には意味がなくなり、するのであれば生前に念仏を称える必要がなくなる。他宗派においても葬式の力を過大に評価すれば、生前の仏道修行（実践）を否定することになるし、過小評価すれば、葬式をすること自体の意味は薄れ、いずれにしてもジレンマに陥る。

これは宗派によって異なるが、どの宗派においても共通するのは「真実」である「生者（遺族）の儀礼」という点である。そしてこれを理解するには、この章の最初で取り上げた人称別の死が有効だ。「死者に対する儀礼」は二人称の死だが、本来の葬式仏教はこの〝二人称の死〟を方便として〝一人称の死〟を遺族に意識させ、遺族自身の生き方が変革されなければならない。これが「生者（遺族）の儀礼」の意味である。

このような視点で日本仏教の葬式をみたとき、方便たりえているだろうか。僧侶の中には葬式を〝儀式〟として執行するだけで、説法（説教）しない者もいる。大切な人を喪い、もっとも心が法（真理）を受け入れやすくなっているときに、みすみすその機会を逃す僧侶がいる。これでは「おがみ屋」と揶揄されても文句は言えまい。まさに職業（ビジネス）としての儀式執行人にしか過ぎない存在になり下がっている。

おがみ屋が執行する葬式は二人称で完結するので、それは方便ではなく、したがってそのような葬式はあえて仏教がやらなくてもよい。日本古来より葬送儀礼は行われてきたのだから、それに任せればいい。しかし、方便として仏教の僧侶が葬式を執行するのであれば、真実である一人称の死へと昇華させることが絶対的に必要だ。

人称別の死を提唱したジャンケレヴィッチが指摘したように、二人称の死は「ほとんどわれわれの死のようなもの、われわれの死とほとんど同じだけ胸を引き裂くもの」であり、「〝あなた〟の哲学が、ここでは〝わたし〟の哲学に肩を貸すことができる」のである。また養老孟司が指摘したように、二人称の死は「我々がもっともわかる「死」」、悲しみなどの感情をともなって見つめる「死」」なのである。

この二人称の死を方便として遺族の一人称の死を意識させ、遺族の菩提心を目覚めさせることができるかどうかが問われている。ただ単に人々のニーズに応えるのではなく、ここまで実践できてはじめて「葬式仏教は正当である」と主張することができよう。

●生者と死者の中間にある葬送儀礼

このように、葬式は表面的には死者に対する儀礼でありながら、実質的には生者に対する儀礼である。しかしここではもう一歩踏み込み、生者と死者の中間にある「死にゆく人の儀礼」という側面を考えてみたい。中有を前提とすれば、死んでからでも遅くはないのだが、死の恐怖を和らげるためには、死んでからでは遅い。そこで参考にすべきは「臨《りん》終行儀《じゅうぎょうぎ》」だ。何かを新たに始めなくとも、足元である日本仏教の歴史を振り返れば、ヒントは見つかる。神居［1993］に基づき、整理してみよう。

中国仏教の影響を受けながら、日本は日本独自の臨終行儀を発達させた。臨終行儀とは、死を迎える心構えをいかにするべきかという「死への用意（準備）」である。これは臨死者個人およびその周囲（看取る側）の理想化された死への対応・体現法であり、日本では中世以降、盛んに施行され、現代まで敷衍されてきている。源信《げんしん》以前にもあったが、臨終行儀を完成させたのは源信であり、それ以降は、真言系・浄土系・日蓮系・禅系の四系統に分類でき、それぞれの宗派の教義に従って独自の臨終行儀を発展させた。

源信の臨終行儀は「二十五三昧会《にじゅうござんまいえ》」においてなされた。これは月の一五日毎に二五名の僧侶が集って極楽往生を願って念仏する結社だが、そこでは互いに善友の契りを交わし、臨終の際には相互に扶助して念仏することが記されていた。病者のために看取りの別所を設置し、看取りを行うことに結衆の意義を見出した。つまり彼らは臨終の瞬間を第三者が補助し、結縁者相互が死の瞬間をよりよく提供できるように平常時から留意し、臨終とそれを予期させる病中においては最大限の配慮が要求された。

これをもとに、真言系では「不動明王に臨終正念を保つことで不動明王の加持を祈り、臨終に御念してもらうこと」を目指す。また浄土系では、阿弥陀仏の称名念仏による臨終への対応であるが、念仏往生を説く法然自身は臨終行儀を往生の要件とは見なさないので臨終行儀を重視しなかったが、浄土宗の第三祖・良忠《りょうちゅう》は臨終の念仏や善知識《ぜんちしき》の介在の重要性を認め、源信以来の臨終行儀を踏襲して行った。

日蓮系では、臨終において題目を唱えることにより臨終正念に住し、寂光《じゃっこう》浄土を願う臨終行儀を行い、臨終の題目の一唱で成仏が可能とする。禅系では、僧堂における看病法・口詞《くし》・祈誦《きじゅ》が中心で、臨終に遺偈《ゆいげ》を残すことが重視され、「亡僧《ぼうそう》／遷化《せんげ》」といった病者の死後に関する葬送儀礼に汎用されていった。

それぞれ特色ある臨終行儀であり、これをこのまま現代人に適用することはできないが、仏教の教えを以て「臨終者」の死に対する不安を和らげ、仏道へと誘うことは重要であろう。そしてこれは現代で言うターミナルケアやグリーフケアにも連動する。病者や臨終者に対する働きかけは日本の中世以来、盛んに行われてきたのであり、現在でも僧侶が関わる活動が展開されているが、まだ十分ではない。そのための教理の整備、人材の育成、仕組み作り、病院との連携など、教団がより積極的にこの問題に取り組むことが急務であろう。

僧侶が檀家の人の危篤の知らせを受け、病院に駆けつけたら「和尚さん、まだ死んでません」と入室を断られたという話を聞く。また僧服で病院に行けば、「死を連想させるから不吉である」と見られるとも聞く。臨終行儀の伝統を考えれば、死に瀕したときこそ僧侶の出番であるはずなのだが、悲しい現実である。いかに僧侶が本来の職務を怠ってきたかがわかる。黒い僧服を着た僧侶が日常的に病院に出入りし、それがまったく不自然でない日が早く来るよう、我々は努力しなければならない。

ではこれを敷衍《ふえん》して考えてみよう。話は突然変わるが、臨終者とは誰か。それはガンなどを患って余命を宣告された人だけではない。仏教的に言えば、生まれてきた人は全員いつ死ぬかは分からない。つまり、生者はみな「臨終者」なのである。僧侶は臨終者に関与するのが使命だが、その意味で僧侶は、死者に加えて生者全員を臨終者ととらえて活動しなければならない。とすれば、病院のみならず、地球全域が僧侶の活動領域となろう。このような視点で僧侶の活動をとらえ直してみると、自分の新たな活動場所、そして新たな活動がきっと見つかるに違いない。

●「メメント・モリ」の逆襲

現代社会では、脳化により身体性は欠如し、またその延長線上にある死も隠蔽されつつある。この傾向が進展すれば、未来の社会は、そして未来の人間はどうなってしまうのか。捻れたものや歪なものには、必ず反動（逆襲）がある。そこではエネルギーの流れがスムーズではないので、抑圧されたエネルギーは出口を求めて奔走し、何らかのメッセージを発してくる。死は避けられない事実であるのに、これに眼を瞑って見ないふりをすれば、「私（死）を忘れるな（メメント・モリ）！」と言わんばかりに、死の方からさまざまな働きかけがある。その一例を紹介しよう。

最初期のインド仏教以来、出家者は死と隣り合わせで修行してきた。さまざまな修行の場所があるが、その中に「シュマシャーナ」がある。これは「墓場」とも理解されるが、輪廻を前提とするインドの宗教で墓を作ることには意味がない。魂は生まれ変わっているからだ。よってこの語は「死体遺棄場」と訳す方が正鵠を射ている。ともかく、当時の出家者はこの死体遺棄場で修行した。彼らは死体が腐乱し崩壊していく過程を直接観察してそれを何度も念想し、頭の中でイメージする。これを繰り返すことで、死体を見ても見なくても、その死体の有様がありありと目に浮かぶというよう精神的に訓練した。貪りを断滅するためである。

肉体は自分自身の貪りを発生する母体であると同時に、他者の肉体を見て（男性であれば女性を見て）そこに貪りの心を起こすので、それを防ぐために死体を瞑想の対象としたのだ。これは自分の死（一人称の死）を経験できない人間が三人称の死体を観察することで自らの死を疑似体験し、また身をもって生を実感し、生の躍動に直接触れるために行われたと考えられている（松濤［1991］）。

この瞑想法は不浄観と呼ばれ、時代が下ると、その死体の腐乱状態を九段階に分ける九想観という瞑想が発達する。そしてそれがさらに中国を経て日本に入ると、九相図として結実する。詳細は省略するが、生きているのと変わらない状態から、徐々に腐乱し、犬や鳥に貪り食われ、最後には白骨化する状況がリアルに描かれている。

鎌倉時代に成立した「九相図巻《くそうずかん》」（九州国立博物館蔵）は、仏教という狭い枠に閉ざされた美術に留まらず、幕末から明治期にかけても河鍋暁斎らによっても描き続けられ、さらには現代アーティスト松井冬子《まついふゆこ》も「浄相《じょうそう》の持続」と題した作品を残している（山本［2020］）。このように、メメント・モリは、は現代社会が死を隠蔽すればするほど、形（媒体）を変えて、我々の前に立ち現れるのだ。

それはともかく、「死」は仏教の専売特許でもあるのだから、死を隠蔽する方向に社会が進むほど、死を顕在化する仏教の必要性は増すに違いない。

●戒名授与の是非

戒名の歴史的経緯がおおよそ明らかになったところで、戒名の是非を考えてみよう。歴史的には中国にその濫觴《らんしょう》が見られるため、戒名の授与はインド仏教以来の正統的行為とは言えなくなる。百歩譲って、鈴木の言うように「仏に成れば名前が変わる」としても、日本仏教の場合、亡くなっても直ちに仏になるわけではないから、その時点で名前を変える必然性はない。浄土教の場合（真宗は別）、極楽浄土に往生してから修行をし、その後ではじめて仏になるから、その時点で阿弥陀仏に新たな名前をもらってもよいことになる。

しかし鈴木は言う。戒名は仏もしくは仏の道に入った者に対する名前であるが、日本では死者を仏として敬う伝統があり、それは決して俗信ではなく、正当・正統な仏教である、と。鈴木の主張を極論すれば、「方便であれば、それはすべて正当な仏教である」ということになる。

私は無条件で「戒名は必要ない」とも「戒名は必要だ」とも主張しない。ここでも重要になるのが、鈴木が主張するように「方便」だ。ただし、鈴木はそれ以上の説明をしないので、もう少し敷衍して説明を加えよう。これは葬式仏教が方便たりえているかどうかと同じ論法である。

つまりポイントは、戒名をつけることが残された遺族に仏道を歩ませる機能を果たしているかどうかである。ただ単に遺族を安心させ死者の魂の浄化を願うだけで終わるなら、それは方便でも何でもなく、単なるお寺の金儲けの手段というほかない。いくら鈴木が頑張っても、戒名の歴史的正統性は残念ながら希薄と言わなければならない。少なくとも浄土宗では念仏往生が基本だから、戒名の有無は往生の条件にはならない。しかし歴史性が希薄でも、それが方便として機能していれば、歴史はなくても問題ない。

遺族と僧侶が死者の戒名を介して仏教の教えを語り合い、それが機縁となって仏教の理解が深まり、そしてそのようなやりとりを経て、遺族自身が人生の無常に目覚めて仏道を歩む決心をするのであれば、戒名は善巧方便の名にふさわしい。果たして現在の寺檀関係で、ここまでのことが実践できている僧侶は何人いるのか。それができないなら、高額な戒名料は受け取ってはならない。

出家者自身が戒律を守れていないにもかかわらず、在家者に戒名を強要するという大きな矛盾。「戒は不在でも、戒名は健在なのだ」（高橋［2009］）と言われても仕方ない。「はい、戒名はお浄土のパスポート。院号《いんごう》は特急列車、居士号《こじごう》は急行列車、信士《しんじ》・信女《しんにょ》は鈍行だけど、行くことは行ける」などという僧侶は論外だが（上田［2004］）、戒名を方便として遺族に話をし、遺族の苦を和らげ、仏道に導くことができるなら、葬式と同様に歴史的正統性がなくとも、それを活用すればよい。

第八章　異端の出現

●A Few Good Men

まずはインド仏教史の中で、志高き宗教家が現れたかどうかを見てみよう。インド仏教で画期的だったのは大乗仏教の興起だ。日本人の目には大乗仏教がインド仏教の主流を占めたと錯覚しがちだが、実はインドにおいて大乗仏教は周辺のマイナーな仏教に過ぎなかった。それでも、大量の大乗経典が創作され、その中には真摯にブッダの教えを実践しようとする仏教者の姿も確認できる。ここではその中から、『郁伽《いくが》長者《ちょうじゃ》所問《しょもん》経《ぎょう》』に説かれる菩薩をナティエ（Nattier［2003］）から紹介しよう。

本経は、郁伽（ウグラ）という在家者が多数の居士を代表してブッダに問いを発し、それにブッダが答えるという形式からなり、在家の菩薩と出家の菩薩の実践のありようがブッダによって詳説される。ナティエは「まず『郁伽長者所問経』の作者にとって、大乗とは学派（school）でもなく、教団（sect）でもなく、運動（movement）でもない。それは既成の仏教教団の中にあって、追求されるべき格別な精神的使命である」と指摘する。

彼女の研究を批評した下田［2004］は、「菩薩は異なった教団を構成しているのではなく、既成の教団の中にあり、異なった学説を立てることはなくブッダが歩いた道を遵守し、何らかの組織的な運動を行うものではなく、仏となるための使命のみを持っている」と言う。つまり、菩薩は「仏教徒としてもっとも困難な道ゆき、究極の道を選択した仏教修行者たち」ということになる。このようなわけで、本書の英訳タイトルはアメリカ海兵隊員に因んで A Few Good Men（少数精鋭）という（平岡［2015］）。

大乗仏教には信仰に基づく易行道も説かれていたが、少数精鋭の菩薩はあえてその易行道には目をつぶり、ブッダが辿った、もっとも困難な道を追体験すべく精進する出家者のことである。さて、そのような志の出家者が現れるかどうか。彼らは既成教団の内部にありながら、自らそれを格別な精神的使命として課する志高き出家者だった。そのような出家者が教団内部に一人でも多く出現すれば、教団が変わる可能性は高くなる。

ただし、教団はそのような人物を排斥する恐れがある。本人にその意思がなくても、そのような出家者は周囲の注目を集めるようになり、そうなれば既成の出家者の堕落ぶりを期せずしてあぶり出すことになるので、やっかみもあって排除の論理が働く。これは組織心理学のテーマかもしれないが、いくら志の高い人が集まって組織を結成しても、いったん組織ができあがれば、その組織は〝人格〟を持ち、構成員の志とは裏腹に「組織の維持」を最優先させ、組織の維持にふさわしくない人は、たとえ善人であっても排除するようになる。とすれば、このモデルは成功しないかもしれない。

●遁世僧に学ぶ

インド仏教から日本仏教に話は飛ぶが、日本中世の平安時代から鎌倉時代にかけて登場した遁世僧を手がかりに、新たな出家者の可能性を考えてみよう。これは少数精鋭の菩薩と違って、既成の枠組みから飛び出して新たな仏教を打ち立てた出家者だ。実際に鎌倉新仏教の宗祖たちはこのグループに属する出家者だったから、少数精鋭の菩薩よりは誕生の可能性が高い。では、松尾［1995］に基づき、遁世僧の説明から始めよう。

遁世僧とは、いったんは国立戒壇で受戒し、官僧（国家公務員としての僧侶）になったものの、官僧集団との対立・協力関係を通じて自己のあるべき姿を見出し、官僧の世界で自己を磨くとともに、官僧の在り方に不満を持ち、官僧の特権と制約から離脱して、新たな教えを開いた僧侶である。その先駆け的存在が法然だった。

法然は比叡山に登り、一五歳で正式な出家者となったが、当時の比叡山の僧侶たちは自分たちの名誉栄達に現を抜かし、また延暦寺の僧兵たちの蛮行は目に余るものがあった。純粋に仏道を追い求める法然にとって、もはや比叡山の表舞台は俗世そのもの、いや俗世以下だったのである。そこで法然は、真に道心ある者たちが集う比叡山の裏舞台、西塔《さいとう》の黒谷《くろだに》に居を移した。黒谷には受戒の師である叡空《えいくう》がおり、彼の厳しい指導のもと、法然の新たな生活が始まる。その後、法然は一八歳で遁世してから四三歳に回心するまで、二五年間の長きにわたり、黒谷で引きこもりの生活を続けた。

俗界を厭って出家しても、出家者が教団を組織すれば、組織維持のための政治が始まり、それがまた俗世間となるので、志の高い人は、もう一度そこからさらに出家、つまり遁世（二度目の出家）しなければならなくなる。ここに至って、はじめて真の出家が成立する。

残念ながら、現在の教団は当時の伝統教団と同じ位置づけになるから、各宗派において出家し僧侶となっても、真に志のある出家者は既成の教団から再出家しなければならなくなる。

現代における「再出家」とは、僧籍の返還、宗内に留まりながらも一定の距離を置く、宗内で反旗を翻す、あるいは宗を離れて志を同じくする者同士で別の集団を作る、などが考えられる。しかし集団を作れば、また同じ過ちを犯すことになる。

他宗のことはともかく、比叡山での出家者の俗っぽさに絶望して黒谷に遁世した法然の意思を真に継承しようとするなら、浄土宗の僧侶はいかに行動すべきか。法然の後継を自認しながら、宗内の政争に明け暮れるなら、それは愚の骨頂と言うしかない（平岡［2016b］）。法然以外でも、遁世僧を出自とする鎌倉新仏教の祖師たちは正統派の伝統仏教に反旗を翻して新たな仏教を確立したのであるから、その意思を継承しようとする真の僧侶は、正統派であることに甘んずるべきではない。

松尾［1995］によれば、当時の官僧は公務員としての服務規定である「私請（寺の許可を得て、個人的な招待にでかけること）」があり、市民の救済願望には原則的には応えなかったので、利他行の実践を求め、真の仏道修行を求めて、官僧世界から離脱を遂げる僧侶たちが続いたという。このように、法然に続いて親鸞・道元・日蓮などが遁世僧となり、今日の日本仏教の礎を築いたとするなら、現代においても教団から飛び出した出家者が新たな仏教を確立する可能性は大いにある。

ただし、鎌倉新仏教の中でも、臨済宗の栄西は遁世僧でありながら権僧正《ごんのそうじょう》となった例外的人物であり、また時宗の一遍は鎌倉新仏教がひとまず社会的に認知された時期に活躍したので、官僧経験がなかった人物であると松尾は指摘する。

●異端の仏教者の出現

では少し視点を変え、平岡［2021a］によりながら、鎌倉時代の遁世僧を「異端」という視点から見直してみよう。「異端」の反意語は「正統」だが、「正統」は必ずしも「正当」ではない（ちなみに「正当」の反意語は「不当」）。正統とは伝統（血筋）を正しく継承し、本来の様式を忠実に伝えることを意味するが、その伝えられたものが正当（道理にかなって正しいこと）かどうかは別問題だ。

鎌倉新仏教の宗祖たちは遁世僧となって、正統たる伝統仏教の枠組みから逸脱し、新たな仏教を確立したことで、体制側（正統派）の仏教から異端視された。だから、彼らは数多の不当な法難を経験することになるが、逆にその艱難辛苦《かんなんしんく》が彼らの仏教をさらに進化（あるいは深化）させ、強靱に鍛え上げるという、体制側の仏教からすれば、何とも皮肉な結果となった。

「異端」と言えば、否定的なニュアンスがつきまとうが、さきほど確認したように、それは「〝正統〟から外れている」というだけで「〝正当〟から外れている」わけではない。このような異端の価値を明らかにして、森本［2018］はこう指摘する。

現在の正統を襲ってこれに成り代わろうとする異端、時満ちなば、必ずや正統たらんとする異端、みずから新たな正統を担おうとする覚悟のある異端だけが、真の異端たりうる。現代では非正統はあるが、異端はない。志が高く、知的に優秀で、道徳的に潔癖で、人格的に端正で、人間的に魅力のある者だけが、異端となる資格を持つ。そうでない者は、安んじて正統に留まるがよい。

同志を募り、信頼する友を持ち、共同作業を委ね、自分も分業体制の中で限定された位置を持ってこそ、腰の据わったアイデンティティが生まれ、粘り強く理想を実現するための戦いを続けることができる。そのような異端だけが、やがて正統となる。正統となったら、次は自分が新たな異端の挑戦を受ける立場となる。それに正面から応えつつ課題を担い続ける腹構えが必要だ。批判されても中央に居座り続ける憎たらしさを持たなければならない。それがさらに次なる若き異端の群れを育て、鍛えることだろう。そのようにして大舞台が回り続けることが、健康な社会の徴表である。

もし現代に正統の復権があるとすれば、それは次代の正統を担おうとするこのような正真正銘の異端が現れることから始まる以外にない（取意）。

異端には「なんちゃって異端」と「真正の異端」があり、後者こそが現在の正統に取って代わって未来の正統になりえる資格を持つ。まさに鎌倉新仏教の宗祖たちの立場である。当時の正統である伝統仏教からみれば、異端の宗教家である彼らは新たな仏教を提示し、法難は被ったものの、後の正統となりえた。

しかし、鎌倉時代に異端視された仏教が宗祖たちの門弟の時代に入り、宗派としての体裁を整え、正統派からも認められるようになると、〝安定性〟を手にする代わりに、宗祖たちが大事にした異端の〝熱量〟は冷めてしまった。そして現代、鎌倉新仏教の宗祖に淵源を有する各宗派は、日本の正統な宗派となった。ならば、まさにその正統を破る新たな異端が現れなければ、仏教は脱皮せず、腐敗の道を辿るしかなくなる。

中国唐代に活躍した臨済義玄の「逢佛殺佛、逢祖殺祖（佛に逢うては佛を殺し、祖に逢うては祖を殺す）」の言葉どおり、宗祖の教えを踏まえながらも、新たな時代にふさわしい仏教を確立しようとする気概のある異端者が、現代あるいは近い将来に出現することが望まれるが、そのような仏教者が宗祖を絶対視する正統の既成教団の中から出現することは、すでに見たように期待薄かもしれない。

ともかく、鎌倉時代の異端が正統となった現在、時はそこで静止したままのようだ。しかし、正統は新たな異端の挑戦を待っている。そしてその異端が将来、正統となったとき、またそれは新たな異端に取って代わられる。こうして仏教の大舞台が回り続けることが、健全な仏教界のあり方だと言えよう。

明治時代になると、仏教も含め、いくつかの新たな宗教が日本に誕生した。それを「新興宗教」という。その言葉にはやや否定的なニュアンスが込められているが、鎌倉新仏教が当時の新興宗教であったことを考えれば、無批判に否定すべきではない。その新興宗教が「なんちゃって異端」か「真正の異端」かは歴史が証明する。そんな視点で新興宗教を見守りたい。

いったんできあがった組織は組織の維持が最優先事項となるため、その組織の安定を揺るがす異端児の存在は許容しがたいだろう。これは新興宗教も例外ではない。しかし、「なんちゃって異端」と「真正の異端」とを識別し、「なんちゃって異端」は排除してよいが、「真正の異端」は許容する寛容性を持ってほしいものだ。ひいてはそれが真の意味で宗祖の意思を継承することになるからである。この最低限の度量さえあれば、日本仏教が再生する可能性は少ないながら残されていると言えよう。逆に「真正の異端」さえも潰しにかかるようなら、日本仏教の未来は暗い。

エピローグ

●教団は〝福田〟たりうるか

本書では三宝の概念を意識しながら、仏教の可能性、および日本仏教の課題点と課題克服のための提案を考えた。法宝は、将来の社会問題を克服する可能性を大いに秘めていると言える。これについては問題ない。しかし、僧宝については課題山積だった。それは出家者自身の問題もさることながら、歴史的に見れば、日本仏教は国家仏教として常に国家に翻弄され、本来的な組織運営ができなかったことも大きい。律蔵の不在や寺請制度など、時代時代で捻れを何度も繰り返しながら今日に至っているのだ。

在家者が直接仏教に触れる最初の窓口は出家者（僧侶）であるから、歴史的にはさまざまな問題があったとはいえ、出家者およびその集団である教団が資質を改善し向上させなければならない。そうすることで「僧」は「僧宝」と呼ばれる資格を得るが、現状ではとても「宝」として社会に認知してもらえないだろう。

僧宝がしっかりと確立されれば、法宝も機能し、社会問題を解決する上で重要な役割を果たすし、また新たな「仏宝」の出現にも寄与することになる。つまり、三宝（仏・法・僧）のうち、仏教を変える原動力になるのは「僧」ということになる。それを認識した上で、「福田《ふくでん》」という視点から、僧の重要性を再認識してみよう。

僧伽（僧団）は福田でなければならないと水野［1972］は言う。福田とは「人々に幸福という収穫を得させる優れた田」という意味だ。田が良田であればあるほど、そこに撒かれた種は収穫量を増やし、何百倍となって返ってくるように、徳の優れた僧伽（および出家者）に供養し撒かれた種は、何百倍の大きな功徳の収穫となって供養者に返ってくる。

我々はこのような視点で自らの所行を顧み、福田として機能しているかどうかを厳しく自問せねばならない。葬式の費用や戒名料についての不満が聞かれるのも、我々がもはや福田と見なされていないからだろう。誰も不毛の地に種は蒔かない。在家者にとって、我々は豊饒なる大地ではなく、乾ききった砂漠の地としてしか認識されていないのではないか。社会の厳しい目に不満を漏らす前に、我々が福田として機能しているかどうかを問う方が先だ。

●福田の条件

水野は僧伽が福田たりうる条件として、つぎの三点を指摘する。(一) 仏教の専門家、(二) 信仰の指導者、そして (三) 正法の嗣続者だ。以下、各条件をもう少し詳しく見ていこう。(一)「仏教の専門家」とは、まず仏教の正しい信仰を持ち、仏教の世界観・人生観としての教理学説を正しく理解し、正しい実践修行によって深い体験的な悟りを得ている者である。専門家であるためには理論と実践を兼ね備えていることが望ましい。(二)「信仰の指導者」とは、仏教の専門家であると同時に、民衆を信仰に導き、苦悩を救済するための教化能力を持ち、そのための手段方法を修得し、教化意欲を持ってそれに専念努力する者をいう。(三)「正法の嗣続者」とは、正法を正しく伝持し、これを断絶させることなく、後世まで永遠に嗣続させる者である。

この原点に立ち返り、もう一度我々は自分たちの足元を見直す時期にきているのではないか。潤った豊饒なる土地を実現し、出家者が強要せずとも自ずと在家者が種を蒔いてくれるような組織にしていかなければならない。

将来的にも出家者は宗派で養成されるだろうが、寺檀制度が崩壊しつつある中で、在家者は檀信徒という従来の縦割りでは存続しないだろう。つまり、出家者は宗派による縦割りでも、在家者は縦割りではなくなる。とすれば、出家者が自分の宗派の檀信徒にだけ向かって法を説く時代は終わる。どのような在家者にもわかるように、自宗の教義の普遍性を説くことが求められる時代がすぐに到来するだろう。

たとえば、浄土宗の檀信徒を相手に阿弥陀仏や極楽浄土を説くことはそれほど難しくない。その存在自体が前提になっているからだ。しかし、浄土宗の檀信徒以外の人びとに阿弥陀仏や極楽浄土の意味や意義を説くことは至難の業である。それを前提に話をすれば、「そもそも阿弥陀仏って何?／極楽って存在するの?」という疑問が寄せられるので、まずはそこから説明しなければならなくなるからだ。

檀信徒だけを相手に法を説くのは井の中の蛙だ。他流試合をしてこそ、出家者は鍛えられる。他流試合をすれば、出家者は一から勉強をし直し、一から修行を見つめ直し、一から社会との関わりを考えなおして、そのような疑問に対する回答を必死で模索する。そしてその結果、出家者が一人でも多くの人の腑に落ちるような言葉を獲得したとき、出家者自身は変容するし、またその出家者から発せられる言葉は聞く者の心を打つに違いない。このようなプロセスを経て、はじめてその出家者は福田たりうる。

●自覚の宗教を再認識

本書を閉じるにあたり、出家者の原点について私見を示す。私が本書で提案したことは間違っているかもしれないし、間違っていないにしても、実現不可能あるいは実現困難なことも多々ある。しかし、それも承知で私は未来の出家者に向けても本書を執筆した。しかしこれから提案することは、今から誰でも実践でき、私自身も僧侶の端くれとして、心がけていることだ。

まずは、出家者の根本的姿勢に関わることから確認しよう。最近、並川［2021a; 2021b］は最初期の仏教における出家者の姿勢を明らかにした。手がかりにしたのは、最古層の初期経典で説かれる「サタ（sata）／サティ（sati）」の用例だ。これは「記憶する／心に留める／思い出す」を意味する動詞「スムリ（√smṛ）」の過去受動分詞sataとその名詞形satiであり、漢訳されれば「念」と訳される。「念仏」の「念」に当たる言葉であり、英訳すれば「マインドフルネス」となる。

従来の多くの研究者は当該の語を「気をつけて／思念して」などと訳すが、これらの訳は「何に」気をつけるのか、「何を」思念するのかが不明瞭だった。研究の詳細は省くが、並川はその意味内容を「自己がいま、どこで、どのように存在しているのかを正しく自覚するという、仏教修行者のもっとも基本的なあるべき姿を示している用語」と指摘する。「過去の自己がどうであったか、現在の自己はどうあるのか、そして未来の自己はどうあるべきか」について、たえず覚りを求めて内観するのがsata/satiの意義であるから、並川はsata/sati（念）の対象を「自己の存在」と確定する。

さらに並川はsataにかんし、重要な点を指摘する。それは、sataが「たえず／常に（sadā）」によって修飾されるという点だ。これは自己の存在を自覚することが絶え間なく続けるべき行為であり、自己を徹底的に見つめ、克己し続ける極めて厳格な行為であることを示しており、それは同時にsataが日々のあらゆる修行の基礎となる行為であることを示していると並川は言う。

仏とは「目覚めた人」を意味するが、まさに仏教はその最初期から「自覚の宗教」だったのであり、厳しく自己と対峙するところから修行は始まる。この原点に立ち返り、出家者はまず自分自身と真摯に向き合い、己を自覚するところから始めなければならない。ブッダの仏教とは対極にある浄土教だが、法然は自らを「三学非器」と評し、親鸞は自らを「蛇蝎」に喩え、自らに対する厳しい目を持ち続けた。実践の仕方こそ異なるが、「自覚の宗教」という特徴はブッダから法然・親鸞にも継承されている。

そして厳しく自己と対峙した結果、自分が「宗教者たりえない」と自覚するのであれば、〝宗教者〟の仮面は潔く脱ぎ捨てて、〝おがみ屋〟に徹する覚悟を持つべきだ。ここから出発しなければ、何も変わらない。

私自身、浄土宗の寺の長男として生まれ、浄土宗の僧籍を得たが、現在は自坊を継がず、寺にも住まず、在家者と変わらぬ生活をしている。そのような中途半端な自己を省みたとき、親鸞の「非僧非俗《ひそうひぞく》」は言うに及ばず、「半僧半俗《はんそうはんぞく》」にも徹し切れていないことに気づかされる。しかし、僧籍を返上して還俗する決断もできないので、まずは「一僧九俗」から出発しようと思う。「九俗」はしっかりと自覚しながらも、「一僧」の矜持を常に保ち、自分自身の課題整理ノートとして本書を執筆した。皆さんと共有し、叱正を乞う次第である。

おわりに

本書は、二〇二二年一〇月七日（金）に山梨県の身延山で開催された第四六回全日本仏教徒会議での記念講演「現代における仏教の可能性を問う」、およびその翌日に行われたＳＤＧｓにかんするパネルディスカッション「だれも取り残さない社会の実現に向けて」を元に、加筆したものである。

特にパネルディスカッションでは、コーディネーターの小谷みどり氏（身延山大学客員教授）をはじめ、パネラーのロバート・キャンベル氏（早稲田大学特命教授）と内藤麻里子氏（文芸ジャーナリスト）とご一緒し、日本仏教について多角的な視点から議論を深めることができた。そして、そこで出た意見や、そこで得られた知見が本書には多く含まれている。三氏には衷心より謝意を表したい。

本講演の依頼を受けたのは、同年の一月だった。その時点では、本書の第六章に当たる内容を話す予定だったが、本大会の事務局長・長澤宏昌氏から「現在の仏教を批判する立場から、現在の僧侶に刺激的な話をして下さい」という厳しい条件を付され、ハードルが一気に上がった。「さあ、困った！」というのが当時の私の正直な感想だったが、「それも、ありか」と思い直し、自戒の意味も込めて講演原稿をまとめたのが実情だ。しかし、私自身も出家者（あくまで「端くれ」）であるため、身内に甘い言説になっている点は否めない（猛省！）。

また本書には、恩師の佛教大学名誉教授・並川孝儀先生との会話で触発された内容も多く含まれている。退職されても、先生とは時折お会いして話を伺う機会を得た（京都府立植物園で五時間！というのも珍しくなかった）。その話の内容は、仏教研究から現代仏教論、そして互いの老化自慢（!?）まで広汎に亘るが、それは私にとって、めくるめくような至福の時だった。並川先生にも心の底からお礼を申し上げる。

さらに、本書を纏めるにあたり、「非営利型一般社団法人・日本寺院機能評価機構」の代表理事・河野秀一氏には、当法人の内容および活動、また龍谷大学農学部准教授・打本弘祐氏には、臨床宗教師等のプログラムやカリキュラムについて、さまざまな情報を提供いただいた。お忙しいにもかかわらず、私のために時間を割いてインタビューに応じて下さった。お二人には、この紙面を借りて甚深の謝意を表する。

少し大風呂敷を広げすぎた感は否めないが、あらためて日本仏教の歴史を整理すると、それは捻れに捻れを重ねた歴史の先端で微妙なバランスを保ちながらかろうじて存在していることが確認できた。

いったんできあがった組織、しかも既得権益のある組織を再構築するのは至難の業だ。それは仏教教団に限ったことではないが、難しいからといって、手をこまねいているのも僧侶（あるいは仏教研究者）としての責任を放棄しているようで居心地が悪く、せめて建設的な提案をと考えて本書の執筆に至った。私自身、真正の異端者ではなく、理屈を述べるだけの〝腰砕け異端者〟ではあるが、まずはその中途半端な腰砕けの自分としっかり対峙することから始めようと思う。

なお、本書は『理想的な利他』でお世話になった水野柊平氏に編集をお願いした。最初の原稿は本書の第六章と第七章をメインにした、日本仏教の可能性を探る構成となっていたが、それよりは日本仏教の問題点の明確化と、課題解決の提示を主軸にした方が面白いのではないかとの示唆を頂戴し、大幅に書き換えたのが本書である。仕上げてみると、この方が魅力的な内容になったと思うし、自分自身の課題も明確になった。適切なご指摘を頂戴した水野氏に、あらためて謝意を表する。ありがとうございました。

二〇二三年一二月二日

平岡聡

引用文献ならびに主要参考文献

阿満　利麿　2007.『仏教と日本人』筑摩書房
イアコボーニ、M. 2009.『ミラーニューロンの発見：「物まね細胞」が明かす驚きの脳科学』早川書房
石井　米雄　1975.『上座部仏教の政治社会学』創文社
伊藤　正敏　2020.『アジールと国家：中世日本の政治と宗教』筑摩書房
今枝　由郎　2005.『ブータン仏教から見た日本仏教』日本放送出版協会
入矢　義高　2012.『増補・自己と超越：禅・人・ことば』岩波書店
上田　紀行　2004.『がんばれ仏教！：お寺ルネサンスの時代』日本放送出版協会
鵜飼　秀徳　2015.『寺院消滅：失われる「地方」と「宗教」』日経BP
――――　2016.『無葬社会：彷徨う遺体　変わる仏教』日経BP
――――　2018.『仏教抹殺：なぜ明治維新は寺院を破壊したのか』文藝春秋
打本　弘祐　2024.「龍谷大学における「臨床宗教師研修」小史」龍谷大学真宗学会編『龍谷大

学真宗学一〇〇年史』永田文昌堂, 155–177.
江川　温（編）2007.『死者の葬送と記念に関する比較文明史：親族・近隣社会・国家』（科研報告書）
榎本　文雄 2007.「インド仏教における葬儀と墳墓に関する研究動向」江川（編）[2007: 160–169]
大竹　晋 2023.『悟りと葬式：弔いはなぜ仏教になったか』筑摩書房
大谷　栄一（編）2019.『ともに生きる仏教：お寺の社会活動最前線』筑摩書房
岡田真美子 2004.「生命システムと供養」桑子　敏雄（編）2004.『いのちの倫理学』コロナ社. 68–189.
小川　隆 2019.「禅：系譜と問答の宗教」『経済史研究』22, 1–36.
沖本　克己（編）2010.『仏教の東伝と受容（新アジア仏教史06：中国Ⅰ南北朝）』佼成出版社
ガーキン、V・チャールズ 2012.『牧会学入門』日本キリスト教団出版局
加藤　精一 2012.『空海入門』KADOKAWA
神居文彰（他）1993.『臨終行儀：日本的ターミナル・ケアの原点』北辰堂
河合　隼雄 1986.『宗教と科学の接点』岩波書店
――（他）1992.『河合隼雄　その多様な世界：講演とシンポジウム』岩波書店
神田　千里 2010.「一揆と仏教」末木（編）[2010: 284–328].

菊川　一道　2014.「「葬儀不要論」の研究：戦後から近年までの変遷をめぐって」『浄土真宗総合研究』8, 41–58.
熊野　宏昭　2012.『新世代の認知行動療法』日本評論社
隈元　正樹　2013.「現代日本のモノ供養」『中央学術研究所紀要』42, 101–119.
グロルマン、E.A（編著）. 1986.『愛する人を亡くした時』春秋社
小谷みどり　2017.『〈ひとり死〉時代のお葬式とお墓』岩波書店
小松邦彰・花野充道（編）2014.『日蓮の思想とその展開（シリーズ日蓮）』春秋社
小室　直樹　2000.『日本人のための宗教原論：あなたを宗教はどう助けてくれるのか』徳間書店
五来　重　1985.『日本の庶民仏教』KADOKAWA
三枝　充悳　1999.『ブッダとサンガ：〈初期仏教〉の原像』法蔵館
齋藤　純一　2000.『公共性（思考のフロンティア）』岩波書店
佐々木　閑　2002.「仏教における律蔵の役割」『戒律文化』1, 3–17.
――――　2006.「〈戒〉と〈律〉：シャカムニの仏教」松尾（編）[2006: 3–59].
佐々木徹真　1956.「親鸞の非僧非俗に就いて」『印度学仏教学研究』4–1, 152–153.
佐治晴夫・養老孟司　2004.『対談「わかる」ことは「かわる」こと』河出書房新社
定方　晟　1973.『須弥山と極楽：仏教の宇宙観』講談社

佐藤 弘夫 2014.「日蓮の国家論」小松・花野（編）[2014: 183–196].
澁澤龍彦・宮次男 1999.『図説・地獄絵をよむ』河出書房新社
島薗 進 2013.『日本仏教の社会倫理：「正法」理念から考える』岩波書店
――― 2023.『政治と宗教：統一教会問題と危機に直面する公共空間』岩波書店
島田 裕巳 2010.『葬式は、要らない』幻冬舎
――― 2022.『葬式消滅：お墓も戒名もいらない』ジー・ビー
下田 正弘 2004.「菩薩の仏教：ジャン・ナティエ著『ア・フュー・グッド・メン』に寄せて」『法華文化研究』30, 1–18.
ジャンケレヴィッチ、V. 1978.『死』みすず書房
――― 1995.『死とはなにか』青弓社
白洲 正子 1971.『かくれ里』新潮社
末木文美士 2010.『増補 日蓮入門：現世を撃つ思想』筑摩書房
―――（編）2010.『躍動する中世仏教（新アジア仏教史12・日本Ⅱ）』佼成出版社
――― 2015.『草木成仏の思想：安然と日本人の自然観』サンガ
鈴木 隆泰 2013『葬式仏教正当論：仏典で実証する』興山舎
髙野 秀行 2014「聖と俗の厳しくも緩やかな一線」『サンガジャパン』18, 124–137.
高橋 卓志 2009.『寺よ、変われ』岩波書店

竹内　喜生　2018.「宗教法人の公益性：二つの法人制度の比較から」西村（編）［2018: 143-160］.
田中　公明　2020.『両界曼荼羅の源流』春秋社
田中　宣一　2003.「新生活運動と新生活運動協会」『成城文藝』181, 16-54.
圭室　文雄　1999.『葬式と檀家（歴史文化ライブラリー70）』吉川弘文館
戸田　浩暁　1981.『日蓮宗の戒名の理論と実際』山喜房佛書林
長澤　宏昌　2016.『今、先祖観を問う：埋葬の歴史と現代社会』石文社
中村　元　1982.『仏弟子の告白：テーラガーター』岩波書店
並川　孝儀　2005.『ゴータマ・ブッダ考』大蔵出版
――――　2017.『ブッダたちの仏教』筑摩書房
――――　2021a.「最古層経典における sata、sati の用法」『仏教学部論集』105, 1-18.
――――　2021b.「最古層経典における sata、sati の意義とその展開：仏教最古の根本的立場」『佛教大学仏教学会紀要』26, 1-24.
西村　明（編）2018.『隠される宗教、顕れる宗教（いま宗教に向き合う2）』岩波書店
林　有加　1999.『彼岸花』日本短波放送
ハラリ、Y. N.　2016.『サピエンス全史（全2巻）』河出書房新社
平岡　聡　2012.『法華経成立の新解釈：仏伝として法華経を読み解く』大蔵出版

―――― 2015.『大乗経典の誕生：仏伝の再解釈でよみがえるブッダ』筑摩書房
―――― 2016a.『ブッダの処世術：心がすぅーっと軽くなる』ワニブックス
―――― 2016b.『ブッダと法然』新潮社
―――― 2018.『浄土思想入門：古代インドから現代日本まで』KADOKAWA
―――― 2019a.『南無阿弥陀仏と南無妙法蓮華経』新潮社
―――― 2019b.『法然と大乗仏教』法藏館
―――― 2021a.『鎌倉仏教』KADOKAWA
―――― 2021b.『日蓮に学ぶレジリエンス：不条理な人生を生き抜くために』大法輪閣
―――― 2022.『親鸞と道元』新潮社
―――― 2023a.『なぜ仏教は多様化するのか：〝教え〟は〝真理〟の乗物にすぎない！』大法輪閣
―――― 2023b.『理想的な利他：仏教から考える』春秋社
福田アジオ 2004.『寺・墓・先祖の民俗学』大河書房
藤田紘一郎 1998.「「共生」の健康学：ヒトは微生物を排除して生きられるか」『季刊 仏教』(法藏館) 43, 2-7.
堀 香織 2023.「それぞれの最終楽章・離婚した両親をみとって：4 父と出会い直し」朝日新聞（二〇二三年一〇月二七日朝刊［be on Saturday］四面）

本庄　良文　1989.「阿毘達磨仏説論と大乗仏説論：法性、隠没経、密意」『印度学仏教学研究』38-1, 59-64.
――――　2010.「経の文言と宗義：部派仏教から『選択集』へ」『日本仏教学会年報』76, 109-125.
前川　健一　2010.「新仏教の形成」／末木文美士（編）『躍動する中世仏教（新アジア仏教史12・日本Ⅱ）』校成出版社
正木　晃　2001.『はじめての宗教学：『風の谷のナウシカ』を読み解く』春秋社
松尾　剛次　1995.『鎌倉新仏教の誕生：勧進・穢れ・破戒の中世』講談社
――――（編著）2006a.『思想の身体：戒の巻』春秋社
――――　2006b.「〈戒〉と日本仏教：破戒と持戒のはざまで」松尾（編）[2006a: 3-59].
松濤　誠達　1991.『仏教者たちはこうして修行した：わたくしの釈尊論』浄土宗出版
松村　薫子　2006.『糞掃衣の研究：その歴史と聖性』法藏館
間宮　啓壬　2017.『日蓮における宗教的自覚と救済：「心み」の宗教』東北大学出版会
水野　弘元　1972.『仏教要語の基礎知識』春秋社
蓑輪　顕量（編）2021.『仏典とマインドフルネス：負の反応とその対処法』臨川書店
元山　公寿　2000.「河口慧海の在家仏教：仏教の近代化の視点から」『現代密教』13, 53-68.
森本あんり　2018.『異端の時代：正統のかたちを求めて』岩波書店

柳田　邦男　1995.『犠牲（サクリファイス）：我が息子・脳死の11日』文藝春秋
山崎　元一　1994.『古代インドの王権と宗教：王とバラモン』刀水書房
山本　聡美　2020.『中世仏教絵画の図像誌：経説絵巻・六道絵・九相図』吉川弘文館
養老　孟司　1989.『唯脳論』青土社
――――　2004.『死の壁』新潮社
養老孟司・楳図かずお　1996.『やさしい『唯脳論』』メディアファクトリー
横井　克信　2010.「第7章　王法と仏法」沖本［2010: 316–358］.
吉本　隆明　1985.『死の位相学』潮出版社
Metzger, B. 1987. *The Canon of the New Testament: Its Origin, Development, and Significance*, Oxford: Clarendon Press（Reprint: 1988）.
Nattier, J. 2003. *A Few Good Men: The Bodhisattva Path according to the Inquiry of Ugra*（*Ugraparipṛcchā*）, Honolulu: Univ. of Hawai'i Press.

平岡　聡（ひらおか　さとし）
1960（昭和35）年、京都市生まれ。佛教大学卒、同大学院博士後期課程満期退学。ミシガン大学アジア言語文化学科留学（1987～1989）。現在、京都文教大学教授、京都文教学園学園長。博士（文学）。著書に『法華経成立の新解釈』（大蔵出版）、『大乗経典の誕生』（筑摩書房）、『言い訳するブッダ』（新潮社）、『鎌倉仏教』（KADOKAWA）、『理想的な利他』（春秋社）などがある。

日本仏教に未来はあるか
二〇二四年一月二十日　第一刷発行
著　者　平岡　聡
発行者　小林公二
発行所　株式会社　春秋社
東京都千代田区外神田二―一八―六（〒一〇一―〇〇二一）
電話（〇三）三二五五―九六一一　振替〇〇一八〇―六―二四八六一
https://www.shunjusha.co.jp/
印刷所　萩原印刷株式会社
装　丁　鈴木伸弘
定価はカバー等に表示してあります。
2024©Hiraoka Satoshi ISBN978-4-393-10616-7